AF540352

चयनित कविताएँ

जंगल में झील जागती

जंगल में झील जागती

हरिभजन सिंह

सम्पादन एवं अनुवाद
गगन गिल

राजकमल प्रकाशन

पहली बार नेशनल पब्लिशिंग हाउस से 1989 में प्रकाशित

ISBN : 978-93-6086-600-6

मूल्य : ₹795

मूल © मदनगोपाल सिंह, युगपाल सिंह, प्रियदर्शन सिंह, रश्मि सिंह
हिन्दी अनुवाद © गगन गिल

पहला राजकमल संस्करण : अगस्त 2024

प्रकाशक : राजकमल प्रकाशन प्रा. लि.
1-बी, नेताजी सुभाष मार्ग, दरियागंज
नई दिल्ली-110 002

शाखाएँ : अशोक राजपथ, साइंस कॉलेज के सामने, पटना-800 006
पहली मंजिल, दरबारी बिल्डिंग, महात्मा गांधी मार्ग, प्रयागराज-211 001
1, अनमोल सोराबजी सन्तुक लेन, धोबी तलाव, मरीन लाइंस, मुम्बई-400 002

वेबसाइट : www.rajkamalprakashan.com
ई-मेल : info@rajkamalprakashan.com

मुद्रक : विकास कंप्यूटर एंड प्रिंटर्स
ट्रॉनिका सिटी-201 102

JANGAL MEIN JHEEL JAGATI
Selected Poems by Haribhajan Singh
Edited and Translated by Gagan Gill

इस पुस्तक के सर्वाधिकार सुरक्षित हैं। प्रकाशक की लिखित अनुमति के बिना इसके किसी भी अंश को, फोटोकॉपी एवं रिकॉर्डिंग सहित इलेक्ट्रॉनिक अथवा मशीनी, किसी भी माध्यम से, अथवा ज्ञान के संग्रहण एवं पुनःप्रयोग की प्रणाली द्वारा, किसी भी रूप में, पुनरुत्पादित अथवा संचारित-प्रसारित नहीं किया जा सकता।

जंगल में झील जागती

क्रम

हरिभजन सिंह : एक पुण्य स्मरण : एक कवि का अनवरत आत्मालाप *11*
कवि श्रीमुख से : अपने सम्मुख *15*
प्रथम संस्करण की भूमिका : भाषा के एकान्त में *23*

लासां (1956)
कशाघात

तेरे दरबार में 31
नहीं, नहीं, नहीं 34
अगर लाश बोल सकती 36
तू बड़ी मासूम है 39

तार तुपका (1957)
तार पर लटकी बूँद

काव्य नाटक : अंक-1 45

ना धुप्पे ना छाँवें (1967)
न धूप में न छाँह में

अपने नाप के बराबर 65
मेरी नग्नता में दीया 67
तुम्हारे हज़ूर मेरी हाज़िरी की दास्तान 68
अप्रामाणिक 72
नदी किनारे 74
सुलगता हाथ 79
बिना पैरों का आदमी 81
लूली विदा 83
दस्तक न दो 85

सड़क दे सफ़े उत्ते (1970)
सड़क के सफ़े पर

मनुष्य के पैर 89
मात्र श्रद्धांजलि 91
वृक्ष साथ लेकर चलना है 93
ख़ुदकशी के बाद 95
एक सलीब और 97
मैली नज़र 100
एक टुकड़ा सूरज नाजायज़ 102
डिब्बी में नंगी तीली 102
कोई ज़ीना नहीं 103
अकेली पीठ 104
मर्दाना नज़र 105
अचानक बच्चा 105
भ्रूण-मरे की बिलखन 105
बमुश्किल जननी 106
अपनी देह से बाहर 106
दरिया 108
समाधि 108
दो कुओं की गुफ़्तगू 111
चिता 112
पंछी पूरा क़त्ल नहीं हुआ 113
सूली पर सूरज लटक रहा है 115
मरी साँपिन 116
ताजमहल से पहले 118
जहाज़ और चूहा 120
आग की यात्रा 122

अलफ़ दोपहर (1972)
शिखर दोपहर

कोई हादसा 127
हिजरत-1 128
हिजरत-2 129
शहर 131

आग 132
बंजर मैदान 133
आराम 134
वह शहर मेरा है? 136
मस्जिद 138
काली आग 140
दीवाली 141
चौराहा 142
अज्ञान 143
ख़त-1 144
ख़त-2 146
सिर्फ़ तपिश 147
कवि 148
जंग ख़त्म है 149
क़त्ल के बाद 151
लहू 152
नमाज़ 154
शिखर दोपहर 155

टुक्कियाँ जीभां वाले (1977)
कटी जीभों वाले

पड़ोसी नहीं था 163
कंजिका 165
उन का क्या होगा? 167
कोरा काग़ज़ 169
कुत्ता 171

मत्था दीवे वाला (1982)
माथा दीये वाला

अंक-1 : दृश्य-1 175

जंगल में झील जागती (1988)
असंकलित कविताएँ

धरती के नीचे 185

लड़की हैरान है 187
जंगल में झील जागती 188
माँ मेरी हुई सौतेली 190
बनवास 191
लड़की निरी नंगी 193
अल्लाह मेहरबान 195
कर्ती री कर्ती 197
सोया हुआ शिशु 199
ग़र्क गए जहाज़ में माँ 201
देश से प्यार है 202
सधुक्कड़ियाँ 203
    होर लिखो 203
    सुणता 204
    अनहद 205
    इक हो या दो 206
    अपना बिरद बिचारो 207

हरिभजन सिंह : एक पुण्य स्मरण

एक कवि का अनवरत आत्मालाप

हर महान कवि अन्ततः एक बिम्ब हो जाता है।

काव्य-कर्म चेतन-अवचेतन रूप में स्वयं को बिम्ब में बदलने देना है, जैसे मक्खी तितली में, मछली मेढक में बदल जाए।

बड़ा कवि वह नहीं, जो हर विषय पर कविता लिख सकता हो, बल्कि वह है जो एक ही विषय पर बार-बार बिलकुल अलग ज़मीन तोड़ने वाली कविता रच सकता हो।

हमारी सांस्कृतिक स्मृति इन कवि-बिम्बों से ही समृद्ध होती है—'एकला चलो' वाले रवीन्द्रनाथ, 'चीर डालो ओ प्रभु लालसा में भरा ये हृदय' की अक्का महादेवी, 'नाचत है कुलनासी' वाली मीरा, 'डुबोया मुझको होने ने' वाले ग़ालिब 'अभी टुक रोते-रोते सो गया है' वाले मीर—जिनकी क़ब्र आज लखनऊ की रेल लाइन के नीचे रो रही है कि सो रही है, कोई नहीं जानता।

फिर हमारे समकालीन कवि हैं—जो जब जीवित थे तो औरों जैसे दिखते थे, और सिधारते ही बिम्ब में बदल जाते हैं।

गली के मोड़ से चले आते फक्कड़ त्रिलोचन।

'सन्नाटा बुनते' लगभग देव-पुरुष दिखते अज्ञेय।

दिल्ली विश्वविद्यालय की सूनी सड़क पर धूप में अपने से बतियाते, अकेले चलते जाते हरिभजन सिंह—बीसवीं सदी की पंजाबी कविता के शीर्ष-पुरुष, जो जितना अपने जीवन में अकेले दिखते थे, उतना ही अब काल में ठहर गए इस बिम्ब में।

अकेले, लेकिन मौन नहीं।

अन्तहीन आत्मालाप करते हुए एक कवि।

—आज तो यारा जी नहीं लगता
—कल लगता था?
—कल तो अपना हाल बुरा था
—परसों? चौथे?

हरिभजन सिंह के प्रबन्ध-काव्य 'माथा दिये वाला' (1982) का यह आरम्भिक अंश उनकी समूची कविता को समझने का बीज अंश है।

वह प्रमुखतया वार्तालाप के कवि हैं। अदृश्य से, अनुपस्थित से, ईश्वर से, लोक नायकों और लोक कथाओं से वार्ता करते हुए कवि।

'बाहर बहुत कुछ गुमा हुआ मेरे भीतर सँभला पड़ा है, मुझसे बिछुड़ी वस्तुएँ मेरे व्यक्तित्व का अंग बन गई हैं'—सन् 1989 में 'मेरी काव्य-यात्रा' की भूमिका लिखते हुए उन्होंने कहा था।

हरिभजन सिंह आशु कविताओं के कवि नहीं, उनकी कविता किसी क्षणिक आवेग की उपज नहीं, न ही उस पर आश्रित।

वह पड़ावों के कवि हैं—और ये पड़ाव बिम्ब-विशेष पर कवि के ठिठकने के पड़ाव हैं।

ये बिम्ब अकसर उनके संग्रह-शीर्षकों में ही रेखांकित हो जाते हैं, जैसे 'कोड़ों के निशान', 'कटी जीभों वाले', 'सड़क के सफ़े पर', 'न धूप में न छाया में', 'माँ-बेटियाँ', 'अलफ़ दोपहर' आदि।

वह पंजाबी आधुनिक कविता के अकेले हस्ताक्षर हैं, जो किसी एक बिम्ब में बँधकर नहीं रहते और हर बिम्ब की समूची पड़ताल करके रहते हैं। सन् 1956 में कविता-संग्रह 'लासां' से आरम्भ हुई उनकी कविता-यात्रा के सब मील-पत्थर सुविचारित, सुगठित सम्बोधन हैं।

उनकी कविता में कई चीज़ें एक साथ घटित होती हैं—जीवन की बेचैनी, एक शब्द से दूसरे शब्द में टकराती भाषा, देखते-देखते शब्द से गूँज में फैल जाने वाला गीत।

उनके विस्मित कर देनेवाले वितान में एक कवि की सघनता, एक मनीषी का सक्रिय चिन्तक, एक संस्कृति की रचनाशील उपस्थिति—ये सब एक साथ क्रियाशील देखे जा सकते हैं।

उनकी काव्य-यात्रा उनके मानस की जीवन-कथा, उसकी बायोग्राफ़ी है—यदि ऐसा कहें तो ग़लत न होगा। उनके लेखन से उनके तेजस्वी अध्यापकीय/अकादमिक व्यक्तित्व का पता चलाया जा सकता है। बांग्लादेश बनने की पूर्व-पीठिका (1971) में कैसी विभीषिका थी, इमरजेंसी (1975-76) और पंजाब के उग्रवाद (1983-1990) का कैसा ख़ौफ़ था, ऑपरेशन ब्लू स्टार ने सिख मानुष को कितना गहरा आहत किया था। सन् चौरासी के दंगों में बच जाने पर भी एकबारगी कैसे अपने होने पर से विश्वास हिल गया था। उनकी कविता ने ये सब दर्ज किया है।

उनकी कविता मर्म-भेद से मर्मभेदी होने तक का फ़ासला ख़ामोश तय करती है।

इसलिए, पश्चात्-दृष्टि में यह तथ्य विडम्बना ही लगता है कि जो कवि

अपने काव्य-कर्म में उग्रवाद या सत्ता की आलोचना करने से नहीं डरा, उसने अपने अन्तिम वर्षों में सर्वोच्च साहित्यिक पुरस्कारों से सम्मानित ('कबीर सम्मान', 1989 एवं 'सरस्वती सम्मान', 1995) होने के बाद इन दोनों ध्रुवान्त पक्षों को सम्बोधित अपनी कविता को अपनी समग्र कविता-यात्रा के संचयन से ख़ारिज कर दिया।

18 अगस्त, 1920 को असम के लुमडिंग ज़िले में जन्मे हरिभजन सिंह बाल्यावस्था में ही अनाथ हो गए थे। पहले पिता, फिर माँ से अनाथ। इस अनाथ अवस्था ने उन्हें जीवन भर भीषण रूप से संतप्त रखा।

उनकी कविता में पिता की स्मृति न के बराबर है, माँ और बड़ी बहन लगभग सारा जीवनभर अलग-अलग रूपकों में उनकी कविता में आती-जाती रहती हैं।

पिता की अनुपस्थिति उनकी कविता में एक विचित्र बिम्ब गढ़ती है, जहाँ पिता ठोस है और सन्तान अमूर्त, अजन्मी मिट्टी में सोई हुई, पिता को पुकारती हुई। एक बालक, तुतलाती आयु का, गली में अपना खोया घर ढूँढ़ता हुआ। माँ है, जो तारे में छिपी है, जिससे रात के अँधेरे में कवि 'चाँद की गिराही' माँगता है। कभी वह माँ डूब गए जहाज़ में अपना बेटा ढूँढ़ रही है और बेटा नहीं है। पारिवारिक सम्बन्ध अपनी विभिन्न रंगतों में उनके यहाँ सब जगह उपस्थित हैं।

दिलचस्प संयोग यह है कि जहाँ माँ/पिता-पुत्र, भाई-बहन के युग्म में हमेशा कोई एक पक्ष छाया-व्यक्ति है, वहीं पिता-पुत्री, पत्नी-पति के रूपकों में दोनों ठोस हैं, जीवित, मूर्त, एक ही काल में अवस्थित।

हरिभजन सिंह विलक्षण रूप से सामाजिक कवि हैं—अन्तर केवल इतना है कि समाज में कवि के सक्रिय होने की बजाय उनके यहाँ कवि में समाज की सक्रिय उपस्थिति को अनुभव किया जा सकता है। समाज अर्थात दूसरा, 'द अदर' और यह दूसरा लगभग हमेशा एक प्रति-बिन्दु है, आरम्भ-बिन्दु है और प्रस्थान-बिन्दु भी।

कितनी दूर उन्हें जाना है, कितनी दूरी से लौटना है, उनकी आन्तरिक यात्रा में इस 'दूसरे' की सदा एक केन्द्रीय भूमिका है, उपस्थिति भी, हालाँकि यह दूसरा कभी भी मूर्त नहीं।

उनकी अधिकांश कविता आत्मालाप होते हुए भी अकेले आदमी की कविता नहीं, उसमें कोई है, जो सदा उपस्थित है।

एक कवि अपनी अन्तरंगता में चरित्रों की आवाजाही से इतना भरा-पूरा हो कि उसके यहाँ सारा देश-काल, समूचा सांस्कृतिक वैभव हमेशा मौजूद मिले, कभी शब्दों में, कभी लय में, कभी लोकयानी भाषायी स्मृति में—इसे भारतीय साहित्य में कभी-कभार होनेवाली वह अपूर्व घटना ही कहा जाएगा, जिसमें एक कवि अपनी

भाषा विशेष का अतिक्रमण करते हुए समूचे देश, समूची संस्कृति, समूची मानवता का हो जाता है।

सन् 1989 में प्रकाशित यह संचयन हरिभजन सिंह जी को 'कबीर सम्मान' दिये जाने के अवसर पर पहली बार नेशनल पब्लिशिंग हाउस, दिल्ली से प्रकाशित हुआ था। अरसे से यह अनुपलब्ध था। अब यह नई रूप-सज्जा में राजकमल से प्रस्तुत है, जहाँ से हरिभजन सिंह जी की कुछ अन्य कृतियाँ भी प्रकाशित हैं। आशा है, इस पुस्तक के पुनर्प्रकाशन से शोधार्थियों की प्रतीक्षा ख़त्म होगी।

जुलाई, 2024

—गगन गिल

कवि श्रीमुख से

अपने सम्मुख

कविता है तो अपने सम्मुख होने की कला, लेकिन मुश्किल यह है कि इसके पक्ष दो हैं। एक पक्ष लिखनेवाला है, दूसरा पक्ष पढ़नेवाला। मैं और मेरी रचना के दरम्यान आप खड़े हैं। मैं स्वयं को उतना ही व्यक्त कर सकूँगा, जितने की आप आज्ञा देंगे। भले लिखते समय पाठक प्रत्यक्ष तौर पर हाज़िर नहीं होता, फिर भी धुकधुकी लगी रहती है कि आख़िर हाज़िर तो रचना को पाठक की कचहरी में ही होना है। इसलिए ख़ामख़्वाह मेरी रचना आपकी स्वीकृति के अधीन ही रूप लेती है।

अपनी रचना को मैं अकेले नहीं लिखता, कितने ही ग़ैरहाज़िर हाथ उसे लिखने में लगे रहते हैं। गीत तो मैं यूँ लिखता हूँ जैसे बागे-अदन में आदम और हव्वा नंग-धड़ंग, हर क़िस्म की पाबन्दी से आज़ाद एक-दूसरे की साँस-में-साँस बनकर एक-दूसरे के भीतर कहीं गहरे तक आ-जा रहे हों। मगर डर लगा रहता है कि कमरे के बाहर खड़ा कोई तीसरा व्यक्ति आदम और हव्वा की बातें सुन रहा है। साहित्य पढ़ना किसी की नग्नता में झाँकना है। अब मैं विशुद्ध अपने सम्मुख कैसे होऊँ जबकि आसपास नग्नता देखने के शौकीन दर्शकों की भीड़ है?

साहित्यकार होना सत्य तक पहुँचने की कड़ी तपस्या है। झूठ दूसरे का लिहाज़ करने का ही दूसरा नाम है। दूसरा न हो तो मुझे झूठ बोलने की ज़रूरत क्यों हो? सच भाषा से पहले की ख़ामोश हक़ीक़त है। भाषा संस्कृति की रचना है, इसके ख़मीर में लिहाज़दारी का माद्दा है, भाषा में से गुज़रकर सच में ख़ामख़्वाह झूठ की मिलावट हो जाती है। सच्ची और सुच्ची कविता वही है जो लिखने से पहले मेरे भीतर भोर के सूरज की तरह उदय होती है। मुकम्मल ख़ामोशी की ज़बान में लिखी हुई, बिना किसी कैनवस पर फैले रंग आदि के। बिना किसी नियम के, बिना किसी कतर-ब्योंत के मेरे अपने शरीर की भाषा में उच्चरित पंक्तियाँ। जिसे मैं प्रेम करता हूँ, निस्संकोच उसकी मूर्ति बनाता हूँ, उसके दरवाज़े के सामने

खड़ा होकर, उसका नाम लेकर, उसे आवाज़ देता हूँ। हम तेज़ दरियाओं की तरह एक-दूसरे में घुलमिल जाते हैं। जल का जल हुआ राम। पर जब इस अनुभव को काग़ज़ पर उतारने लगता हूँ तो आप हाज़िर जान पड़ते हैं। बस, अब तक जो सच मैंने भोगा था, उसके लिए झूठ बनना लाज़िमी हो जाता है। अच्छा-भला मैं ख़ुद के रचे दरिया में नहा रहा था, आपने कहा, इसमें से बाहर निकलकर अपना हाल सुनाओ। मैंने कहा, ज़रा पीठ मोड़ लीजिए, मैं कपड़े पहनकर आपके सामने खड़ा होने लायक हो जाऊँ। आप शराफ़त के लिहाज़ से पीठ मोड़ लेते हैं और मैं 'अ-बाज़ू हाथ, अ-धड़ गर्दन, अ-सिर माथा' आपके रूबरू हो जाता हूँ।

समूचा साहित्य भाषा का लिबास पहनकर श्रोताओं-पाठकों के सामने खड़ा आधा-अधूरा सच है, बाक़ी अगर झूठ नहीं तो मुलम्मा ज़रूर है। मेरा सच तो मेरी माँ ने मेरे जन्म के दिन देखा था और फिर झटपट उसे लँगोटों में लपेट दिया था। इस लाखों वर्ष बूढ़ी धरती के सीने पर खेल रहा मैं एक बालक हूँ। अगर आप माँ बनकर देखने की कृपा करें, तो मैं अपना मैं आपके सम्मुख करने योग्य हो सकूँगा।

मुझमें कुछ भी मौलिक नहीं। पंजाबी बीज का खिला हुआ रूप हूँ। पंजाबी के ज़रिये पंजाबी में, पैदा हुआ पंजाबी हूँ। पंजाबी के अलावा और भी बहुत कुछ पढ़ा हूँ, पर लिखना मुझे पंजाबी में ही आता है। अंग्रेज़ी, हिन्दी और उर्दू का भी, मैं कभी-कभी टैम्परेरी 'लेखक' बन जाता रहा हूँ। पंजाबी मेरी सीमा है। बोलने में भी पंजाबी मुझे सहज है, रवाँ है। अंग्रेज़ी बोलते-बोलते अगर मुझे किसी शब्द के स्पैलिंग भूल जाएँ तो बात अटक जाती है। इधर कुछ देर से मुझे उर्दू में भी अपनी कम मायगी का अहसास होने लगा है, एक उर्दूदां दोस्त को अपनी किताब की एक प्रति नज़र करनी थी। 'ज़ाल' की जगह 'ज़ोय' लिखा गया, कितने दिन शर्मिंदगी से कान दहकते रहे। इस तरह की शर्मिंदगी पंजाबी के लिए नहीं भोगनी पड़ती, चाहे ग़लत ही बोलूँ या लिखूँ। अपना आप होने में कैसी शर्म? वैसे, मेरा शीशा बताता है कि मैं अधूरा-सा पंजाबी हूँ। मुझ में पंजाबी होने की चेतना है, उस पर विशेष गर्व नहीं। गर्व करने के लिए ज़रूरी है, कि मैं पंजाबी का आदर्श रूप होऊँ। पंजाबी का मुद्दई होना मुझे दम्भ लगता है। अंग्रेज़ी पढ़ता हूँ, हिन्दी पढ़ाता रहा हूँ, और पंजाबी लिखता हूँ, ऐसी खिचड़ी हूँ मैं।

मैं सीमित-से बूते का लेखक हूँ। मेरे थोड़े-से मॉडल हैं, जिनकी सहायता से मैं लिखता हूँ। मॉडल से मेरा भाव लगभग वही है जो कच्ची लिखाई से है। कच्ची—पहली जमात में पढ़ता था तो मास्टर तख़्ती पर पेंसिल से कच्चा लिख देता था और हम उसके ऊपर कलम-दवात से लिखते थे। मुझे साफ़ दिख रहा है कि

मैंने जो कुछ भी लिखा है, अपनी संस्कृति के लिखे कच्चे लेख के मुताबिक़ लिखा है। वाक्य मेरे हैं लेकिन उनकी तह में काम करते व्याकरण के नियम मेरी भाषा के हैं। इसी तरह विचार मेरे हैं, पर सोचने का ढंग मेरी संस्कृति का है। जीवन-कहानी मेरी है पर पंजाबी साँचे में ढली हुई। मैंने ज़िन्दगी में अपने लिए कोई विशेष मंज़िल नहीं सोची। सबके लिए साझे रास्तों में से कुछ-एक मेरे पाँव लगे हैं, उन पर चलता-चलता मैं वहीं पहुँचूँगा, जहाँ तक ले जाने का सामर्थ्य उनमें है। दिशा का चुनाव ज़रूर मेरा है।

यह रास्ते या कच्चे लेख कौन-से हैं?

इनमें से एक कच्चा लेख मेरा सिख होना है। एक हिन्दुस्तानी होना है, और एक पंजाबी होना। न मैं यह मानता हूँ कि सिख धर्म सबसे उत्तम है और न यह कि पंजाबी सभी भाषाओं से श्रेष्ठ है। मैं तो यह भी नहीं मानता कि 'सारे जहाँ से अच्छा हिन्दोस्ताँ हमारा।' पर, इतना ज़रूर निश्चित है कि मेरी पहचान इन्हीं के ज़रिये सम्भव है। मेरा मनोविकास इनके ज़रिये ही हो सकता है। यह मेरे लिए स्वयं के लिखे कच्चे लेख हैं। न मैं अपनी मर्ज़ी की माँ चुन सकता था और न ही मुझे अपना धर्म, अपना देश या अपनी मातृभाषा चुनने की छूट है। मेरा देश ग़रीब है, मेरी भाषा का बूता सीमित है। मेरे धर्म की साम्प्रदायिकता मुझे कई बार उलटे राह भेजती है। पर मैं इन्हें बेदावा नहीं दे सकता। अगर मैं ऐसी ग़लती करूँ तो मेरी शरणभूमि और कहाँ है? कौन मानेगा कि मैं सिख नहीं, हिन्दुस्तानी नहीं, या पंजाबी नहीं? देर-सवेर यह बेदावा फाड़ना ही पड़ेगा। मैं तो सदा-सदा, लाख बार सिख, भारतीय और पंजाबी हूँ। कभी-कभी इन पर गर्व करने का दम्भ भरता हूँ, पर जानता हूँ कि गर्व मेरी मजबूरी का ही एक नक्श है।

इसी तरह के कुछ कच्चे लेख मेरी माँ और बहन ने लिखे हैं। बचपन से यतीम होना कोई मान की बात नहीं, पर मैं इसका ज़िक्र कभी-कभी यूँ उत्साह से करता हूँ जैसे सीने पर तमगा टाँका हो। कुछ कच्चे लेख संयोग की देन हैं। मेरे मुँह पर चेचक के दाग़ हैं। यह कोई ख़ूबसूरती का सर्टिफ़िकेट तो नहीं, पर अपने पासपोर्ट पर निर्भाव होकर लिखवा लिया : 'पहचान का कोई चिह्न : मुँह पर चेचक के दाग़।' यह मेरी ख़ूबसूरती का नहीं, लेकिन मेरी पहचान का सर्टिफ़िकेट ज़रूर है। मेरे अनुभव के सारे ब्योरे सराहने लायक नहीं, पर वे मेरे हैं, मेरे आपे के अभिन्न अंग। मैं स्वयं को कहाँ फेंक दूँ? मैंने स्वयं को निर्वासन नहीं दिया। इसीलिए अपने सम्मुख होते हुए मुझे शर्म नहीं आ रही।

मेरे सम्मुख मेरे अनुभव का एक टुकड़ा उभर रहा है।

पाँच-एक वर्ष का हूँ। हमारे घर के आसपास हरी घास के मैदान हैं। उनमें एक पानी का गड्ढा है। गड्ढे में साँवले रंग की आसामिन माँ कपड़ों समेत उतरी है, हाथों में बाँस की टोकरी लिये। किनारे पर मेरी ही उम्र का उसका बेटा है। नंगा, नीचे अँगोछा तक नहीं। माँ पानी में टोकरी डुबो-डुबोकर मछलियाँ पकड़ती है। कोई छोटी-सी मछली टोकरी में फँस जाए तो माँ उसे दूर फेंक देती है, किनारे पर। किनारे पर खड़ा बेटा उसे दौड़कर पकड़ लेता है। और अपने पास रख लेता है। घर से चलता-चलता मैं भी वहाँ पहुँचा हूँ। आसामिन माँ ने मछली फेंकी है। मैंने दौड़कर उठा ली है और घर की तरफ़ दौड़ उठा हूँ। आसामी लड़का कुछ दूर तक मेरे पीछे-पीछे दौड़ता है। दौड़ते-दौड़ते मछली मेरे हाथ से छिटककर गिर गई है। शाम हो गई है। आसामिन अपना काम निपटाकर हमारे घर आ पहुँची है और उलाहना दे रही है। माँ मुझे झिड़कती नहीं। वह उन माँ-बेटे को रोटी खिला रही है। नंगे बच्चे को मेरी क़मीज़ पहना रही है।

रात को मैं बहन के पास लेटा हुआ हूँ, कहानी सुनने के लिए। वह कहानी नहीं सुनाती। कहती है : तू मछली को राह में एकदम अकेली क्यों फेंक आया? अगर कोई तुझे इस तरह घर से बाहर फेंक आए, तो? माँ के बिना रोटी कहाँ से खाएगा तब? कहानियाँ कौन सुनाएगा तुझे?

मैं रोने लगा हूँ। बहन चुप करा रही है। पर मैं रोए जाता हूँ और ज़िद करता हूँ कि मछली को ढूँढ़कर घर ले आएँ, माँ मुझे साथ लेकर मछली ढूँढ़ने निकली है। साथ में बहन है, हाथ में लालटेन। मछली नहीं मिलती। माँ कहती है, मछली की माँ ख़ुद आकर उसे घर ले गई है।

कहीं भीतर से आवाज़ आ रही है : यह तेरी ज़िन्दगी का मॉडल है, शुरुआत का कच्चा लेख, यही तेरी कविता का भी मॉडल है। माँ-बाप से बिछड़ी मछली की तरह मैं ख़ुद जिया हूँ और मैंने लिखा भी इन कच्चे लेखों पर ही है। बहन नहीं, लेकिन उसकी लालटेन मैंने ख़ुद उठा रखी है। घर से दूर तड़पती मछली मेरी ज़िन्दगी का ब्योरा है, और लालटेन लेकर उसे ढूँढ़ना मेरी कविता। अभी तक मैं मछली को ढूँढ़ नहीं सका, पर उसे ढूँढ़ने का यत्न भी नहीं छोड़ा, मेरे सामने मेरी ऐसी तसवीर खड़ी है।

ज़िन्दगी के साथ मेरी कविता का रिश्ता मोह का, रोशनी का, और असफलता का है। मैं बहुतों को मोह की मूर्ति माँ की तरह, बिना किसी संकोच के रोशनी बाँटते

हुए गुरु की तरह, और सौन्दर्यबोध रचते हुए कवि की तरह मिला हूँ। मेरे ज़्यादातर रिश्ते असफलता पर ख़त्म हुए हैं : अपने इस मॉडल के प्रति मैं इतना सचेत हूँ कि अपनों में से कोई बेदावा दे जाए तो अफ़सोस नहीं होता। मेरे पास मोह, रोशनी और सौन्दर्यबोध का अटूट भंडार है, मुक़म्मल असफलता के बाद भी पहले जैसे और रिश्ते जोड़ने से संकोच नहीं होता। अपनी ग़लतियों के नतीजे भोगकर फिर उसी तरह की ग़लतियाँ करने के लिए मैं तैयार बर तैयार हूँ। मैं स्वयं को दोहराए चला जाता हूँ, ज़िन्दगी में भी, कविता में भी। पंजाबी भाषा और पंजाबी व्यवहार, दोनों ही कविता के लिए बहुत सही बैठते हैं। पंजाबी कविता विशुद्ध दरवेशों की विरासत है, जिसका पैसे से कोई सम्बन्ध नहीं, 'एथे हाट न चलई न को वणज करे।'

कविता को मैं आसमान से उतरी हुई देन नहीं मानता, धरती में से उगी सौग़ात मानता हूँ। पंजाबी कविता लिखने का जो ढंग मुझे आता है, वह सब पंजाबियों की साधारण योग्यता है, जिसे मैंने और मेरे जैसे और कइयों ने इस्तेमाल कर लिया। कइयों ने नहीं इस्तेमाल किया, पर यह दौलत उनके पास है ज़रूर।

अपने ऊपर से एक और छिलका उतारकर अपने गूदे तक पहुँचना चाह रहा हूँ। अपने सम्मुख खड़ा होना स्ट्रिपटीज़ जैसा कर्म है। स्ट्रिपटीज़, जिसका कोई एवज़ नहीं। दूसरे, जिसका ज़िस्म सुन्दर हो वह तो स्ट्रिपटीज़ करे, मेरे जैसे अष्टावक्र को इस इलाक़े में प्रवेश का क्या हक़ है? पर अपने सम्मुख होने के लिए अपना स्ट्रिपटीज़ ज़रूरी है।

मैंने बहुत जगह अनधिकार प्रवेश किया है, यही मेरा गुनाह है। काव्य-कला में ख़ासा सफल होने के बावजूद मैं इसको असफलता की तरफ़ ले जानेवाली राह मानता हूँ। मेरा स्व ही मुझे बताता है कि मैं विरोधाभासी हूँ, कई अन्तर्विरोधों का मुजस्समा हूँ। मेरे बारे में कोई भी राय अन्तिम नहीं, दुनिया में रहकर भी दुनिया से अलग हूँ, अपनी मातृभाषा को भी अजनबियों की तरह इस्तेमाल करता हूँ। यह सांस्कृतिक दुर्गुण है। बेशक मैं अपनी संस्कृति का गुनहगार हूँ। कुछ शब्द हैं, जो शरीफ़ों, बुज़ुर्गों, माँ-बहनों की संगत में नहीं बरते जाते, चाहे वे अपनी ही भाषा के शब्द हैं, बोले भी वे जाते हैं, पर शरीफ़ों, बुज़ुर्गों, औरतों की संगत में नहीं, अगर बोलें तो अवज्ञा दोष या सांस्कृतिक 'रसाभास' के भागी बनते हैं। मैं दाढ़ी खुली रखता हूँ और शराब पी लेता हूँ। यह शराफ़त को बदमाश जगह फेंकने जैसा अपराध है, सांस्कृतिक अवज्ञा या सांस्कृतिक 'रसाभास' है। खुली दाढ़ी तो धार्मिक प्रामाणिकता का चिह्न है, शराब भी पंजाब के ज़्यादातर लोग शौक़ से पीते हैं। पर दाढ़ी रखना और शराब पीना स्वीकृत रीति की अवज्ञा है। दाढ़ी मैंने रखी नहीं, बस है। जान-बूझकर मैंने अवज्ञा नहीं की। पर मैं जानता हूँ कि यह अवज्ञा है और

इसे रोकने का यत्न मैंने कभी नहीं किया। 'मन जानत सब बात, जानत ही अवगुन करे' वाली बात है।

पंजाबी और हिन्दी से भी मेरा सम्बन्ध अवज्ञा वाला है। हिन्दी पढ़ना कोई गुनाह नहीं, पंजाबी पढ़ाना भी पाप नहीं। पर, सारी तालीम हिन्दी में लेकर पंजाबी की प्रोफ़ेसरी पर क़ब्जा जमा लेना, यह तो पंजाबी संस्कृति के प्रति सबसे बड़ा अपराध है। हम सब जानते ही हैं कि पंजाबी के कुछ मुद्दई हिन्दी को अपना विरोधी ही समझते हैं, अध्यापन में अनधिकार प्रवेश करके पंजाबी की आलोचनात्मक परम्परा को एक तरफ़ कर देना और अजनबी साहित्य सिद्धान्तों के लिए दरवाज़े खोल देना भी सांस्कृतिक अपराध ही था जो मैं बड़ी धूमधाम से करता गया। इसी तरह एक सांस्कृतिक नियम है कि अपने गाँव के नम्बरदार से बेमतलब उलझो मत; जिसे सारे गाँव ने स्थापित किया है, उसे नमस्कार करो। इस समय मेरे सामने पंजाबी भाषा और साहित्य की वे सब विशिष्ट हस्तियाँ हैं, जिनसे मैं ख़ामख़्वाह उलझता गया। इससे न तो मेरी भाषा को कोई फ़ायदा हुआ है और न ही उन विशिष्ट शख़्सियतों को कोई ज़ोहफ़ पहुँचा है, पर मैं बतौर अवज्ञाकारी ज़रूर प्रकट हो गया हूँ। इस तरह उलझना, निश्चित ही, स्थापित रीति का उल्लंघन है। इसी तरह के कई धब्बों से भरी हुई मेरी कॉपी बुक मेरे सम्मुख है।

अगर इस पोथी के पन्ने पीछे की ओर पलटूँ तो अपने बनवास का गाँव इच्छरा दिखाई देता है; मैले चीकट कपड़े, पगड़ी में से बाहर निकली जटाएँ और जमात में अव्वल। मेरी शक्ल-सूरत देखकर मास्टर मुझे क्लास के बाहर खड़ा करने लायक समझता है पर नतीजा देखकर पहली क़तार में सीट देने के लिए मजबूर है। अगर अपनी पोथी के आख़िरी पन्ने पलटूँ तो वे विद्वान नज़र आते हैं जो पब्लिक तौर पर मुझे गुरु की पदवी दे रहे थे। पर मैं उनकी विद्वत्ता का नया तेवर पहचानता हुआ उन्हें अपना शिष्य मानने से इनकार करता रहा। यह भी सांस्कृतिक अवज्ञा का ही नमूना है। दुनिया से मेरा रिश्ता तकरार का रहा है। मुझे इस बात की चेतना थी कि जिसको मैं सच समझता हूँ, दूसरे की नज़र में वह व्यंग्य हो सकता है। जानता-बूझता मैं इस तरह के अपराध करता चला गया।

अपने सम्मुख मैं अपनी ख़ामोशी को नंगा खड़ा देख रहा हूँ। मेरी ख़ामोशी की आँख में भी व्यंग्य है। ज़्यादातर जगहों पर मैं ख़ामोश रहकर दूसरे का मान रखना चाहता हूँ। किसी सभा में सुनी कविता-कहानी के बारे में राय नहीं देता। वहाँ और भी हैं जो ख़ामोश रहते हैं, पर कोपदृष्टि मुझ पर ही पड़ती है। मेरी ख़ामोशी को मसख़री समझ लिया जाता है, जैसे वह रचना मेरे ध्यान के क़ाबिल ही न हो। ज़िन्दगी के रिश्तों में भी मैं कई जगह चुप, बल्कि लम्बी चुप साध लेता हूँ। सोचता

हूँ कि ख़ामोशी के ज़रिये बैर की आब-ताब कुछ कम हो जाएगी लेकिन इस तरह बैर घटता नहीं। वह जटिल तो नहीं होता, लम्बा होकर फैलता ज़रूर जाता है। मुझसे नाराज़ लोग शोर के ज़रिये मुझे बुलाना चाहते हैं, मैं ख़ामोशी के ज़रिये उन्हें अपना शोर और बुलन्द करने के लिए उकसाता हूँ।

मेरी ख़ामोशी में मेरा एक दोस्त आ खड़ा हुआ है, वह हँसता हुआ कहता है : तेरी ख़ामोशी एक तरह की मक्कारी है, जिसके ज़रिये तू लोगों को अपने प्रोपेगेंडा में लगाए रखता है। यह सुनकर भी ख़ामोश रहता हूँ तो मेरे भीतर कहीं गहरे से आवाज़ आती है : ख़ामोशी जैसा व्यंग्य और कोई नहीं। नाटकीय व्यंग्य : आप कहें कुछ, समझा कुछ जाए। "उसे सैयाद ने कुछ, गुल ने कुछ, बुलबुल ने कुछ समझा। चमन में कितनी मानीख़ेज थी एक ख़ामशी मेरी।"

मेरी कविता का स्वभाव भी सहज व्यंग्यात्मक है। मैं अपने व्यंग्य के 'सहज' स्वभाव का कारण ढूँढ़ना चाहता हूँ। मेरे बचपन से मेरी जवानी तक का सारा रास्ता मेरे सम्मुख बिछ जाता है। वह ख़ामोश है, अकेला है, वृक्षहीन मैदान में दूर तक खिंची व्यंग्य की एक लकीर जैसा। मुझे समझ आ जाता है। मेरी ख़ामोशी मेरे अकेलेपन में से सहज ही उग खड़ी हुई है। अकेली बंजर धरती में ख़ामोशी के सिवा हो ही क्या सकता है! मैं यत्न से चुप होता नहीं, सहज ही चुप हूँ।

पर नहीं। मेरी ख़ामोशी भी बड़ी उलझी हुई है। इसका एकमात्र कारण मेरा अकेलापन नहीं, मैं ख़ुद अपने आप पर एक व्यंग्य हूँ और इसी कारण ख़ामोश हूँ। मिसाल के तौर पर मैं बहुत पढ़ा-लिखा आदमी नहीं, मगर 'बहुत' पढ़ा-लिखा समझा जाता हूँ। सारी उम्र पढ़ने-लिखने से ही रोज़ी कमाता रहा हूँ। मेरे व्यवसाय के लोग मुझे सलाह देते रहे, मुँह-ज़बानी भी और लिखकर भी, कि इतना मत पढ़ा कर, हमने अभी तेरी पिछली फेरी की बात हज़म नहीं की होती, कि तू एक और नई बात कह जाता है। इतना तेज़ न चल कि कोई तेरे साथ क़दम मिलाकर न चल सके।

ऐसे शब्द सुनकर मुझे बहुत शर्म आती है। उनका मासूम-सा सच भी मुझ तक व्यंग्य होकर पहुँचता है। मैं तेज़ भी नहीं चला और रास्ते में अकेला भी रह गया हूँ। यही व्यंग्य है। लोगों ने बात मुहब्बत से कही होती है और मुझ तक फ़ब्ती बनकर पहुँचती है, इस व्यंग्य का मेरे सिवाय और किसी को पता नहीं। इस व्यंग्य की काट के लिए मैं और पढ़ने-लिखने की कोशिश करता हूँ, पर असफल रहता हूँ। मेरे पास वक़्त कहाँ है! मेरा ज़्यादा वक़्त तो अध्यापन के ज़िम्मे लग गया, बचा-खुचा कविता ने ले लिया, नई किताब पढ़ने की बारी बहुत पिछड़कर आती है और तब तक वह पुरानी हो चुकी होती है।

व्यंग्य के सभी अर्थ मसखरी वाले ही नहीं होते। जिन विद्वानों ने मुझे पढ़ाई के क्षेत्र में धीरे चलने की सलाह दी थी, वे ख़ुद पंजाब की यूनिवर्सिटियों में शीर्षस्थ जगहों पर पहुँचे हुए विद्वान थे। उनके कथन की चुभन मैंने महसूस की थी, उन्हें पता भी नहीं चला था। उन्होंने तो अपनी तरफ़ से सच ही कहा था, और मुहब्बत से, मेरी भलाई के लिए, कहा था। दुनिया के प्रति मैं कृतज्ञ हूँ कि उसने मेरे सामने, मेरे सम्बन्ध में कभी झूठ नहीं बोला। दुनिया मेरे प्रति निस्संग चल रही है। दुनिया ने मेरे प्रति सच कहने में कभी संकोच नहीं किया। अपने सम्मुख मैं इस दुनिया को विशुद्ध और नंगा देख रहा हूँ। अगर किसी ने मुझे गाली देने की ज़रूरत महसूस की है तो थोक के भाव दी है और लम्बे अरसे तक लगातार दी है। क्योंकि उसे भरोसा था कि इस तरफ़ से जवाब नहीं आएगा। और मैंने भी इस भरोसे को टूटने नहीं दिया।

यह बात मैं अपने सम्बन्ध में बचपन से ही होते देख रहा हूँ। बचपन में मैं माँओं को अपने बच्चों की हिमायत में निस्संकोच झूठ बोलते हुए देखता रहा हूँ। किसी को मेरी हिमायत में झूठ बोलने की ज़रूरत नहीं पड़ी। लोगों को डर की वजह से मुँह-मुलाहिज़े की बातें करते मैंने देखा है। मैं अकेला था और गाँव से बाहर का भी। किसी को मुझसे डरने की या लिहाज़न मेरी बड़ाई करने की ज़रूरत नहीं पड़ी। मैं सारी दुनिया को अपने सम्बन्ध में बेलिहाज़, बेबाक और बेपर्द देखता रहा हूँ। मेरे सम्बन्ध में बेबाकी इस हद तक बरती गई है कि इस वक़्त मैं अपने आपको जिस्म की बाहर वाली परत से लेकर आत्मा की गहराई के आख़िरी सिरे तक नंगा देख रहा हूँ। पत्ता-पत्ता हवा में उड़ाया गया हूँ। इसके बावजूद सलामत हूँ। यह करिश्मा ही है। दुनिया में इस नग्नता को स्वीकारने वाले लोग भी हैं, यह सोचकर सिर अदब से झुकता है। मेरी नग्नता सुरख़रू है कि उसने अपने आपको ढकने के लिए एक तिनके तक की भी ओट नहीं ली।

मैं अपनी रचना ख़त्म कर रहा हूँ, पर मेरी कहानी का कोई अन्त नहीं। अपने स्वभाव और स्थिति से पैदा हुई समस्याओं को मैं समेट नहीं सकता। इसलिए यह कहानी किसी निश्चित अन्त पर पहुँचकर ख़त्म नहीं हो सकती। यह खुले अन्त वाली कहानी है। अपने अकेलेपन, ख़ामोशी, नग्नता, सांस्कृतिक अवज्ञा, तकरार आदि से मैंने अपने सम्पर्क में आनेवालों को इस हद तक बेलिहाज़ बनने पर मजबूर किया है कि मेरे महानिर्वाण के बाद भी उनके लिए मेरे लिहाज़ में कुछ कहना मुश्किल होगा। और, अगर वे कहेंगे तो कोई मानेगा कैसे? तकरार का यह रिश्ता कहीं ख़त्म नहीं हो सकता...

नवम्बर, 1988

—हरिभजन सिंह

प्रथम संस्करण की भूमिका

भाषा के एकान्त में

डॉ. हरिभजन सिंह की ये कविताएँ। हिन्दी अनुवादों में। मैं उन्हें बार-बार पढ़ती हूँ। छोड़ देती हूँ। फिर पढ़ती हूँ। कभी मुझे यह चिन्ता होती है कि उनमें मूल पंजाबियत न आ जाए, कभी यह कि उनकी मूल 'पंजाबी' स्मृति कैसे बचाकर रखी जाए।

क्या कोई ऐसा प्रदेश हो सकता है, अनुवाद में, जहाँ ये दोनों बातें सम्भव हो सकती हों?

अनुवाद करते रहने के मेरे अनुभव में ये कविताएँ एक बिलकुल अलग तरह का प्रयास हैं। इससे पहले मेरे ज़्यादातर अनुवाद प्रयास अंग्रेज़ी से हिन्दी भाषा में रहे हैं, उनकी मूल भाषा चाहे जो भी रही हो। इस बार ये मेरी मातृभाषा पंजाबी से हिन्दी में हैं। बहुभाषी समाज में पला-बढ़ा हर व्यक्ति शायद अपने भीतर अपनी मूल भाषा का एकान्त लेकर चलता है। इन कविताओं का अनुवाद करने की ज़रूरत शायद इसी एकान्त में से बाहर आने की इच्छा में से निकली।

बेशक एक सचेत स्तर पर मैं आज हिन्दी से ज़्यादा लगाव महसूस करती हूँ, लेकिन मातृभाषा तो मातृभाषा है। स्वप्न की भाषा, अनर्गल बड़बड़ाहट, जिसका गूढ़ मर्म सिर्फ़ आप जानते हैं या आपका कोई हमज़बान। यहाँ प्रस्तुत हरिभजन सिंह की अधिकांश कविताएँ मुझे मुँहज़बानी याद रही हैं। सारी नहीं तो दो-दो चार-चार पंक्तियाँ ही। किन्हीं बहुत आत्मीय क्षणों में मैंने उन्हें अपने मित्रों को सुनाया भी। उन्होंने उसका मर्म समझने की ईमानदार कोशिशें भी कीं, लेकिन उस बहुत अपनी-सी दुनिया को, जिसमें ठेठ शब्द हैं, उनकी ध्वनियाँ हैं, उनके सहज जातीय और ऐतिहासिक सन्दर्भ हैं—क्या कभी ठीक से बताया जा सकता है? क्या ठीक उस जगह पर उँगली रखी जा सकती है, जहाँ आप तो एक अर्थ, एक उपस्थिति 'देख' सकते हैं लेकिन बताने लगते हैं तो शब्द अपनी पंखुड़ियाँ बन्द कर लेते हैं? आपके हाथ लगती है, सिर्फ़ एक भाँय-भाँय करती ख़ामोशी।

यहाँ प्रस्तुत कविताएँ डॉ. हरिभजन सिंह के सात संकलनों में से ली गई हैं। ये संकलन हैं—'लासां' (1956), 'तार तुपका' (1957), 'ना धुप्पे ना छाँवें' (1967), 'सड़क दे सफे उत्ते' (1970), 'अलफ़ दोपहर' (1972), 'दुक्कियाँ जीभाँ वाले' (1977) व 'मत्था दीवे वाला' (1982)। सन् 1984 के बाद इधर-उधर पत्रिकाओं में छपी कुछ असंकलित कविताएँ इस संग्रह के आख़िरी खंड 'जंगल में झील जागती' में दी गई हैं। उनके दो चर्चित कविता-संग्रह 'अधरैणी' (1962) व 'अलविदा तों पहलां' (1984) इस संचयन में शामिल नहीं किये जा सके। कुछ अपनी, कुछ हिन्दी भाषा व कुछ इस संचयन के आकार की सीमाओं के कारण। एक दिलचस्प तथ्य यह भी है कि इन्हीं दो संग्रहों के गीत पंजाबी पाठकों में सबसे अधिक लोकप्रिय रहे हैं। पंजाबी की सुप्रसिद्ध गायिका सुरिन्दर कौर के गाए ये गीत आप आज भी किसी पंजाबी घर में सुन सकते हैं, जहाँ बहुत मुमकिन है कि वे उनके कवि का नाम न जानते हों!

1956 में प्रकाशित हरिभजन सिंह के पहले कविता-संग्रह 'लासां' ने अच्छा-ख़ासा विवाद खड़ा किया था। उनके काव्य-नाटक 'तार तुपका' ने शायद पहली बार, भारतीय साहित्य में, 1957 में, आधुनिक मनुष्य की उस विडम्बनापूर्ण स्थिति की बात की, जहाँ परमाणु हथियारों के साये में उसकी दुनिया तार पर लटकी बूँद की तरह हो गई है, जो किसी भी क्षण भाप बनकर उड़ाई जा सकती है।

1967 में प्रकाशित उनके कविता-संग्रह 'ना धुप्पे ना छाँवें' को साहित्य अकादेमी पुरस्कार मिला था।

सन् 1971 में बांग्लादेश में हुए क़त्लेआम का दुःस्वप्न उनके संग्रह 'अलफ़ दोपहर' में मुखर होकर सामने आया।

सन् 1977 में प्रकाशित 'टुक्कियाँ जीभां वाले' में उस इतिहास की काली छायाएँ थीं, जो अभी-अभी भारतीय मानस के ऊपर से गुज़री थीं।

सन् 1982 में प्रकाशित अनूठी काव्य-पुस्तक 'मत्था दीवे वाला' तक आते-आते हरिभजन सिंह की कविता स्वयं से एकालाप करने लगी थी। इस काव्य-नाटक में 'मैं' के कभी दो, और कभी तीन हिस्से एक-दूसरे से बातें कर रहे थे, कभी एक साथ बोल रहे थे, एक-दूसरे पर फैसला सुना रहे थे, और अपनी-अपनी यात्रा से लौट रहे थे।

किसी भी बड़े कवि की तरह हरिभजन सिंह अपनी मिट्टी में गहरे रचे-बसे हैं। अधिकांश जगहों पर वे इतने ठेठ हैं कि समानान्तर शब्द ढूँढ़ना मुश्किल है। मिसाल

के लिए 'लासां'। 'लासां' शब्द के लिए अंग्रेज़ी का जो शब्द सबसे क़रीब बैठता है, वह है Lashes (लैशेज़)। हिन्दी में इसे मोटे तौर पर कोड़ों के निशान कहा जा सकता है। जिस्म पर पड़ा नीला निशान। लेकिन पंजाबी में जो शब्द बहुत सादा लगता था, हिन्दी में ढूँढ़ने पर उसके लिए जो सबसे क़रीबी शब्द मिला, वह 'कशाघात' था, जो यक़ीनन मूल शब्द का मर्म सम्प्रेषित नहीं करता।

एक और शब्द हरिभजन सिंह की कविताओं में आता है—'सिवा'। हिन्दी में इसका सबसे क़रीबी शब्द है 'चिता' लेकिन सिवा वह जलती चिता है, जिसके लिए प्रचलित विश्वास है कि तांत्रिक यहाँ से मृतक आत्मा को वश में कर लेते हैं। पंजाबी में 'सिवा' पुल्लिंग शब्द है जबकि हिन्दी में 'चिता' स्त्रीलिंग है। नतीजतन मूल कविताओं में, जहाँ 'सिवा' नन्हे बालक के रूप में इस्तेमाल हुआ है, अनुवाद में उसका समानान्तर शब्द 'चिता' उसका भावार्थ नन्ही बच्ची कर देता है।

इसी तरह इन कविताओं में 'शीश' शब्द बहुत अहमियत रखता है। 'शीश, शीश का पाखंड, बिना सिर का खड्गधारी धड़'। एक पंजाबी पाठक के लिए इन शब्दों के अर्थों की भिन्न तहें उसके सहज ज्ञान का हिस्सा हैं। शीश व शीश के पाखंड का सबसे सीधा सन्दर्भ गुरु गोबिन्द सिंह के खालसा पंथ सजाने से जुड़ा है। इस संग्रह में इस सन्दर्भ वाली कविता का नाम है 'तेरे हज़ूर मेरी हाज़िरी की दास्तान'। इतिहास के मुताबिक़, बैसाखी के उस दिन, भरे मजमे में गुरु ने नंगी तलवार के लिए एक-एक करके पाँच सिर माँगे थे। ज़ाहिर है, वह अपने सिखों का इम्तहान ले रहे थे। जलसे में फैली बदहवासी के बावजूद पाँच सिख उठे थे, गुरु पर अपना सिर क़ुर्बान करने के लिए। यही पाँच जन बाद में गुरु के 'पाँच प्यारे' सरदार बने। उसी घटना ने पंजाबी मन में सदियों तक शीश और शीश के पाखंड जैसे सवाल खड़े किये।

हरिभजन सिंह की कविता में एक बिम्ब आता है, बिना सिर का खड्गधारी धड़। दंतकथा यह है कि सिख इतिहास के महान योद्धा बाबा दीप सिंह युद्ध में सिर कट जाने के बावजूद एक हाथ में सिर थामे लड़ते रहे। ऐसे कई कैलेंडर आज भी मिलते हैं। बाबा दीप सिंह ने प्रण किया था कि अन्तिम समय वे दरबार साहिब, अमृतसर में माथा टेकेंगे। लेकिन उनके वहाँ पहुँचने से काफ़ी पहले ही उनका सिर कट गया। आख़िर उन्होंने कुछ कोस दूर से ही अपना सिर दरबार साहिब की दिशा में फेंका, जो वहाँ की परिक्रमा में आकर गिरा। ज़ाहिर है, 'मेरी नग्नता में दीया' जैसी कविता में जब डॉ. हरिभजन सिंह एक बिना सिर के खड्गधारी धड़ की बात करते हैं, तो पंजाबी पाठक के ज़ेहन में यह परिचित बिम्ब सहज ही ठहर जाता है।

'तार तुपका' में परमाणु हथियारों के लिए उन्होंने एक शब्द इस्तेमाल किया है, 'नरबैर'। गुरुबाणी में ईश्वर को 'निर्भउ निरबैर' कहा गया है। नरबैर यहाँ निरबैर

के विपरीत अर्थ में प्रयोग किया गया है। इसे अपने मूल रूप में ही यहाँ रहने दिया गया है।

एक और शब्द हरिभजन सिंह की कविताओं में केन्द्रीय है—'दस्तपंजा'। 'हाथ मिलाना', 'शेक हैंड' आदि इसका भावार्थ हो सकते हैं लेकिन वे उसका मर्म पूरी तरह सम्प्रेषित नहीं करते। 'दस्तपंजे' में जो ठेठ पंजाबी गर्मजोशी निहित है, वह उसके हिन्दी अर्थ में नहीं। इसे इन अनुवादों में अपने मूल प्रयोग में ही रहने दिया है।

इसी संग्रह में गुरु नानक पर लिखी कविता 'मनुष्य के पैर' की जो सहज समझ पंजाबी पाठक में होगी, वह शायद और कहीं नहीं। गुरु नानक की कथा—जब वे मक्का शरीफ़ गए थे और थककर क़ाबे की तरफ़ पैर करके ही सो गए थे, सभी पंजाबी पाठक जानते होंगे। कहते हैं, काज़ी ने ग़ुस्से में गुरु नानक के पाँव पकड़कर उस तरफ़ घसीटने शुरू किये, जिधर क़ाबा नहीं था लेकिन वह जिधर भी देखते, उन्हें क़ाबा घूमता हुआ नज़र आता। तब उन्होंने गुरु नानक के पाँव पकड़ लिये। इसी कारण पंजाबी संस्कृति में पैर की महिमा सहज स्वीकृत है। बगदाद में पीर नानक की यादगार आज भी देखी जा सकती है।

डॉ. हरिभजन सिंह की कविताओं में कई लोक-बिम्ब सहज ही चले आए हैं मसलन रेगिस्तान, दरख़्त, बोतल में बन्द जिन्न, धरती के नीचे बैल आदि। लेकिन किसी भी बड़े रचनाकार की तरह उन्होंने प्रचलित बिम्बों और परम्परा को अपने साँचे में ढाला है। पंजाबी मिट्टी का होने के बावजूद उन्होंने अपने होने से इस मिट्टी को ज़रख़ैज़ किया है। इसे वे सूक्ष्म आयाम दिये हैं, जिनके रहते उनके हर पंजाबी, ग़ैरपंजाबी पाठक का दायित्व बढ़ जाता है। ज़ाहिर है, उपयुक्त सन्दर्भों की जानकारी के अभाव में एक ग़ैरपंजाबी पाठक को ये कविताएँ ज़्यादा दुरूह व अजीब महसूस हो सकती हैं।

सन् 1984 के बाद की डॉ. हरिभजन सिंह की कविताओं में एक साथ बहुत-सी चीज़ें आईं। एक लम्बे समय तक दिल्ली विश्वविद्यालय में पंजाबी साहित्य के प्रोफ़ेसर रहने के बाद अवकाश लेने की छायाएँ, आतंकवाद से जूझते पंजाब की घटनाएँ, व इकलौती बेटी को ससुराल विदा करने का अवसाद।

ज़ाहिर है, उनकी कविताओं के विषय पिछले कुछ वर्षों में ज़्यादा आत्मीय होते गए हैं। मेरे लिए व्यक्तिगत स्तर पर भी, क्योंकि मुझे उनके मुख से कविताएँ सुनने का सौभाग्य मिलता रहा है, जब अभी कई कविताएँ उनके भीतर जन्म ही ले रही होती हैं।

पहली बार जब हरिभजन सिंह जी को गुनगुनाते हुए सुना था तब मैं आठ साल की बच्ची थी। वह किसी बीहड़ जंगल में से आती सुरीली आवाज़ थी। एक

अजीब तरह से अकेली। डॉ. हरिभजन सिंह अपनी धुन में आगे-आगे चल रहे थे। मैं और मेरी माँ उनसे कुछ पीछे थे।

उन दिनों मेरी माँ उनकी शिष्या थीं। डॉक्टर साहब की यह आदत, कि अपने शिष्यों को बात समझाते-समझाते वह न जाने कब बात अधूरी छोड़कर अलग चल देंगे—दिल्ली विश्वविद्यालय में काफ़ी चर्चित रही है। उनके भव्य व्यक्तित्व व आवाज़ से मुग्ध वह बच्ची तब सोच भी नहीं सकती थी कि इक्कीस वर्ष बाद, एक दिन वह उनकी प्रतिनिधि कविताओं का अनुवाद करेगी और उसे उस जगह उँगली रखनी होगी, जहाँ वह कह सके, हाँ, यहाँ वे उसकी आत्मीय बनती हैं, जैसे टी.एस. एलियट ने एक जगह कहा था :

मैं यह तो बता सकता हूँ कि मैं 'वहाँ' गया था
लेकिन 'कहाँ'? मैं यह नहीं कह सकता

डॉ. हरिभजन सिंह की रचनाओं के पैंतीस वर्षों में फैले बीहड़ में से गुज़रते हुए मैं भी आपको सचमुच नहीं बता सकती कि मैं कहाँ गई थी। सिर्फ़ यह कह सकती हूँ कि बहुत-सी जगहों पर, शब्दों की तहों में, मैं अटकी थी, ठिठकी थी, लेकिन माँ, दारजी और भाई काहन सिंह के 'महान कोश' ने वहाँ से निकलने में मेरी मदद की।

फिर भी यदि इन अनुवादों में कहीं-कहीं अटपटापन हो तो वह मेरा अपना असमंजस रहा होगा। डॉ. हरिभजन सिंह ने अपनी भाषा के कई अनुवादातीत रहस्य व सत्य मेरे साथ-साथ महसूस किये होंगे। इन अनुवादों की एक-एक पंक्ति में से वह गुज़रे हैं। मैं उनकी कृतज्ञ हूँ। पंजाबी भाषा के एकान्त में से निकलकर ये कविताएँ यदि आप तक मूल कविताओं की सुन्दरता का थोड़ा-बहुत अहसास भी पहुँचा पाएँ तो यह प्रयास सार्थक होगा।

—गगन गिल

18 दिसम्बर, 1988
नई दिल्ली

लासां

कशाघात

[1956]

तेरे दरबार में

तेरे दरबार में, आया हूँ भगवान
करके मदिरा में स्नान

तेरे दरबार में रोज़ सुबह शाम—
आकर करूँ सिजदे, यह मेरी आदत नहीं
रोज़ भर-भरकर पिऊँ जाम
मैं कोई आदी नहीं :
ये तेरे ऊँचे महल
—जिसके शूलों जैसे कलश
उठ कर साल देते हैं सीना आसमान का
झाँक सकती नहीं इनकी तरफ़ मेरी नज़र
धूप, चन्दन और अगर
भीगी हुई शाम में बैठकर
मैं तेरा ध्यान धरूँ
और तसव्वुर ही तसव्वुर में
देखूँ तेरे आसमान,
तेरे जन्नत, तेरे बेकार जहान,
—भार उठा-उठा कर नहीं कुबड़े हुए जहाँ के निवासी
तेरे इन्द्र और तेरे देव अनेक
उम्र भर जिन्होंने कभी सहे नहीं
सीने में शूल, देह में सेंक—
तेरी परियाँ, सदा जवान,
अंगों के साँचे में जैसे ढला हो संगीत,
मैं इतनी ऐश करूँ?
यह मेरी जुर्रत नहीं
यह मेरी हिम्मत नहीं,

और फिर मुझे देता है कब फ़ुर्सत तेरा जहान
तेरे दरबार में, आया हूँ भगवान
करके मदिरा में स्नान

फिर भी ऐश से नफ़रत तो नहीं मुझे,
मैं कोई ख़ुश्क-सा नास्तिक तो नहीं
देख आज दौड़ ही आया हूँ तुड़वाकर बन्धन
आज मैं दे आया हूँ धोखा ज़िन्दगानी को,
चाहे कुछ देर के लिए
है तो थोड़ा ही समय,
पर इसमें कर लिये हैं ज़िन्दा
अपने सभी कटे-फटे ऐश-ख़याल
आज मैंने चबाए हैं पान
आज मैंने पिए हैं बहुत,
तेरी क़सम,
जाम पर जाम,
आज मैंने हव्वा की जवानी को भी देखा है खँगालकर,
आज मुझे आया है, मेरे प्रभु,
मेरे पिता, तेरा ख़याल,
तेरे दरबार में चला आया भी हूँ,
अपनी हिम्मत पर मैं थोड़ा-सा पशेमान भी हूँ
धूप चन्दन की बास,
उस पर मैंने दी है बिखेर
मदिरा की बास,
हव्वा-नापाक के अंगों की बू।

मैं चला आया हूँ दरबार में
बिना स्नान,
पर मुझे झिड़की न दे,
देख मजबूरी मेरी,
देख मेरा प्यार,
देख अरमानों का ढेर
देख रात चोरी की—
हो चली जिसकी सवेर,

भागमभाग की ये नमस्कार
मेरे प्रभु कर स्वीकार,
देख वह भोर का भाला किसी ताक में है
देख ज़िन्दगानी का मुख़बिर मेरी तलाश में है
तुझ से है क्या छिपा, प्रभु, सर्वज्ञाता,
तेरे दरबार में आया हूँ भगवान
करके मदिरा में स्नान

नहीं, नहीं, नहीं

नहीं
नहीं, नहीं
आज नहीं, आज नहीं पिऊँगा मैं शराब
चू रहा है आकाश के रोयें-रोयें में से अँधेर
मेरे हर अंग को कोंचती है चिंगारी तारे से तेज़
भाले जैसे चुभते तो हैं, खुभते नहीं
ज़िन्दगी तड़प है एक मौत के नज़दीक
मगर मौत नहीं
टीस उठती है कलेजे में—
जो देती है झिंझोड़—
आँखों में नींद का मजबूर ख़ुमार
कमल पत्तों पर जैसे कोमल ओस का शृंगार
झुलसती हवा का झोंका कोई दे बिगाड़
मेरे सामने है पड़ा
तेज़ मदिरा का गिलास
जिसके सीने में से मेरे सीने की ही तरह उठी है टीस
चाहता हूँ उस टीस में टीस मिला दूँ अपनी
कुछ तो कम हो सकता है मेरी रूह का अज़ाब
पर नहीं, मैं आज नहीं पिऊँगा शराब

काले आसमान में उठती है एक और भी काली तसवीर
जो कभी दिखती, छिपती है, फिर दिखती है
बालों की उलझनें वही, वही पीला चेहरा
हाथों में बँधा हुआ बच्चा भी वही
होंठों पर पुकार वही :
मेरे हमवतन, मेरे भाई, मुझे गोली न मार

फ़ाके कर-करके मेरा रंग पीला है, मैं लाल नहीं
मैं सिर्फ़ माँ हूँ, मेरे भाई, मैं जासूस नहीं
मेरे सीने में मेरे बच्चे का दूध—
ज़हर-सा भेद नहीं
इस सीने को मत फाड़
मेरे हमवतन, मेरे भाई मुझे...

उसके सीने में उसके बच्चे की बग़ल में मेरी गोली का दाग़
किसी कोमलांगना की लज्जा पर जैसे—
गिरा हुआ वहशी कोई, जैसे गिद्ध
अपने जुर्म की यह तसवीर देखकर
नज़र जाती है फट
सिहरते हाथों में होंठों तक बढ़ता है
तेज़ मदिरा का गिलास
रूह की कालिख भरी गहराई में से उठती है
एक किरण आवाज़ :
'नहीं,
नहीं, नहीं,
आज नहीं, आज नहीं मैं पिऊँगा शराब!'

अगर लाश बोल सकती

यह कौन आया है मेरी अरथी के साथ?
किसकी हिचकी-सी सुनता हूँ मैं?
यह किसके मासूम-से पैरों की हल्की चाप है?
कहीं वही तो नहीं?
है चाल पहचानी-सी

अगर कभी कर सकूँ कफ़न को तार-तार!
अगर कभी पत्थर ज़ुबां उगल सके अपने अंगारे!
यूँ तो सारी उम्र ही बकता रहा, बकता रहा,
निशान अपने जिस्म के जग को दिखाता हूँ रहा;
पर भरे मजमे में गर—
उठ सके लाश की उँगली सिर झुके दोषी की ओर
तो असर है कुछ और

क्या समा जाएगा न धरती में यह, गर मैं कहूँ :
ओ चाँदी-सोने के ख़ुदा,
क्यों पिघलती जा रही तेरी निगाह?
किस लिए हिचकियों का स्वाँग यह,
क्यों सर्द आह?
तेरा दिल भी है किसी झूठी तसल्ली का मोहताज?
फ़ाकों से कर दिया बदन मेरा
तुमने घुन-खाया शरीर
और मेरी वह रूह अमीर
जिस पर मुझको मान था
रोज़ यूँ तड़पकर बुझती गई
रोज़ यूँ तड़पकर सोती रही

जैसे बिजली के सीने में एक लहर
जाए फट

तुझको दिलचस्पी है क्या
गर मैंने अपनी मौत जैसी ज़िन्दगी को—
मौत कर दिया है ख़ुद?
अगर मैंने स्याह ज़िन्दगी के कलेजे में
घोंप दी इन्हीं हाथों से तड़पती बिजली?
जम गया है मेरा लहू
तेरी मिलों के पहिये तो अभी नहीं हुए जाम
तेरे रोलर रोड़ों को पीसते जाते हैं वैसे ही,
और हैं लाखों शरीर
अगर तू चाहे तो बना सकता है घुन-खाए शरीर,
और हैं कई दिल अमीर
जो तेरी ख़ातिर तड़प कर सो जाने को तैयार हैं
तेरी ख़ातिर तड़प कर बुझ जाने को तैयार हैं

अस्त समय की किरण को देख कर कुछ याद कर,
याद कर वह समय
जब तेरे महलों के लम्बे भयानक साये के नीचे
आ खड़ा हुआ था एक जवान
अपने चौड़े सीने में लेकर
मासूम इच्छाओं का जहान,
जिसका ऊँचा क़द था एक जज़्बा-जवान,
जिसकी ताक़त और वफ़ादारी को तुमने
कुछ टकों और फ़ाकों के एवज़ में लिया था ख़रीद,
जिसकी उम्र के साल
तेरी ख़ातिर अर्क बन-बन कर बहे
बूँद-बूँद ज़िन्दगी ख़ाली हुई तेरे लिए,
शोला उसकी ज़िन्दगी का था तड़प उठता कभी,
बकने पर मजबूर हो जाता था वह,
दाग़ अपने जिस्म के जग को दिखा देता था वह,
फिर भी अपनी वफ़ा को बेचने पर मजबूर था,
आख़िर शोला ज़िन्दगी का, तंग आकर मचल उठा

ख़त्म हुई ज़िन्दगी, उसकी मजबूरी, वफ़ा
अस्त समय की किरण
अपने कोयले अस्त-सागर में डुबोकर
हो गई ख़ामोश, सफ़र ख़त्म हुआ

अस्त समय की किरण को देख कर कुछ याद कर,
यह है छुट्टी का समय,
है तेरे आँगन में जमा
पहिया हाँकने वाले पशुओं का गिरोह,
चारा नहीं तो न सही,
अपनी तिजोरी में से फ़ाक़े बाँट ले हर रोज़ की तरह,
इतनी हिचकियाँ न ले,
मत कह अच्छा था वह, मेरी वफ़ा न याद कर,
मुझे तो अपनी वफ़ा पर मान नहीं,
तेरे आँसू को मेरे मातम का हरगिज़ हक़ नहीं,
मर चुके को और न कोंच अपनी हमदर्दी के साथ,
यह कौन आया है मेरी अरथी के साथ?

तू बड़ी मासूम है

तू बड़ी मासूम है

ग़र कभी ज़ालिम बनूँ मैं
धुन दूँ कोड़ों से बदन तेरा,
नयन तेरे इस तरह नोंच दूँ,
मेरी आँखों में न तू ढूँढ़ पाए हुस्न
छीन लूँ विश्वास तेरा, लूट लूँ मन का अमन,
तू क्या जाने ख़तरों से भरा है तेरा भोलापन
तू बड़ी मासूम है

रोज़ लौटता हूँ घर जब,
चलाकर रोज़ी का घन,
जल चुके होते हैं श्मशान पश्चिम में,
लग चुके होते हैं आकाश के सीने में
तारों के अग्नि-बाण,
फैल चुकी होती है चुप्पी मौत जैसी चारों तरफ़,
गहरी बेहोशी-सी में डूब चुका होता है सारा जहान

उस समय लौटता हूँ घर—
इस वीराने में मैं
अपने दिल-वीरान जैसा रौंदकर राह बियाबान,
गहरी रात में
आँखों में डाल कर आँखें कोई
देख न ले कि आँख में वह पानी नहीं
नक्श में नहीं ज़िन्दगी;
पूछ न ले कोई

हुस्न ने कैसे ख़रोंचें झेल लीं?
ज़िन्दगी से ज़िन्दगी का इश्क किसने छीन लिया?
मर जाऊँगा शर्म से
यह न झेल सकूँगा मैं
बहुत झेल जाता हूँ मैं बेशक—
फिर भी बेग़ैरत नहीं हूँ,
इसलिए
रोज़ जब घर लौटता हूँ,
जल चुके होते हैं श्मशान पश्चिम के,
लग चुके होते हैं आकाश के सीने में
तारों के अग्नि-बाण

गहरी बेहोशी-सी में डूब चुका होता है चाहे सारा जहान,
फिर भी तू सोती नहीं
आँखों में भर कर इन्तज़ार
मेरी बदबख़्ती है यह—
इन्तज़ार
क्यों भरे जाती है दिनोंदिन तेरे नयनों में शृंगार?
क्यों किये जाती है दिनोंदिन तेरे नक्शों को हसीन?
तू बड़ी मासूम है
तू क्या जाने इन्तज़ार
दहका देती है फिर मेरे बुझ रहे दिल के अंगारे;
फिर यही आता है दिल में
मैं तेरा आशिक बनूँ;
तेरे सुन्दर नयनों का फिर से क़ाबिल बनूँ मैं;
फिर खा जाता हूँ फ़रेब
फिर समझता हूँ मेरा काम है प्यार,
इश्क को फिर से समझ लेता हूँ सच
इश्क सच्चाई नहीं;
सच है जिस्म की ज़रूरत
सच है पेट का तन्दूर—
जिसके लिए जिस्म झेले कोड़े चाँदी के
जिसके लिए ख़ुद ही सीख जाए ज़ुबान—जी हज़ूर।
सच नहीं सीने में शौक, उन्नत नज़र,

सच है मुर्दा ज़मीर, नीची नज़र
तुझे क़सम जिस्म की ज़रूरत की
इस तरह किया न कर तू इन्तज़ार
सच नहीं है जग में प्यार।
क्यों जला कर रखती है दीया मेहराब पर?
मैं कोई बच्चा नहीं
भूल नहीं सकता मैं घर का रास्ता,
मुझे लौ की ज़रूरत नहीं;
किसलिए मेरा स्वागत रोज़-रोज़?
क्यों मुझे दिलाती है याद रोज़-रोज़
मैं हूँ महान?
किसलिए आतिश फ़िशां का यह सामान?
री भोली,
जल जाएगा यह घोंसला
उजड़ जाएगा तेरा रसता-बसता जहान,
झेल नहीं सकेगी तू बिजली क़हर की,
ख़ुदा को है मंज़ूर कि संसार में
कोई न हो महान

इसलिए—
मेरे आने से बहुत पहले बुझा कर दीये
भस्म करके इन्तज़ार
मींच कर आँखें हसीन
सँभाल कर दिल में यक़ीन,
सो जाया कर, जिस तरह सोता है ग़श खाकर जहान,
मैं नहीं चाहता, तू निकाले मेरे सीने में से अग्नि-बाण,
मैं नहीं चाहता, तू देखे मेरे नयनों में श्मशान,
नीची नज़र, मुर्दा ज़मीर
जिस्म पर चाबुक का निशान

तार तुपका

तार पर लटकी बूँद

[1957]

काव्य नाटक : अंक-1

[एक कमरा, पूर्णतया साफ़ और निर्मल। दीवारों का रंग दूधिया सफ़ेद है। सामने की दीवार के ठीक बीच में काला दरवाज़ा, दाईं तरफ़ लाल और बाईं तरफ़ दूर कोने में सफ़ेद रंग का दरवाज़ा है। सब दरवाज़े बन्द हैं। कमरे में बेचैन करनेवाली ख़ामोशी है। काले दरवाज़े के ऊपर टँगी घड़ी फाँसी पर लटके निरपराध के सीने की धड़कन की तरह टिक-टिक कर रही है। काले दरवाज़े के सामने दो संगीनधारी पहरेदार मशीनी ढंग से बँधे पहरा दे रहे हैं। उनमें से एक (नम्बर 12) नौजवान है और दूसरे (नम्बर 11) के चेहरे पर उम्र के निशान हैं। मगर कौन जाने, सभ्य पुरुष के चेहरे पर ग़म या मुस्कान के निशानों की तरह ये निशान भी भ्रामक हैं!

घड़ी टन् करके साढ़े चार की सूचना देती है।]

पहरेदार नम्बर 12 : क्या वक़्त बीत गया, साढ़े पाँच हुए, आज फिर देर हो गई, नहीं आए चौदह-पन्द्रह...

पहरेदार नम्बर 11 : वक़्त फँस गया है किसी दलदल में, बारह, यह कीचड़-चाल समय भला क्या बीतेगा! एक उम्र जैसा आधा घंटा अभी बाक़ी है।

पहरेदार नम्बर 12 : क्या अभी साढ़े चार बजे हैं, ग्यारह? पर रोशनी कराह के रंग-सी कैसे हो गई? जैसे मन का मर जाए जीवट जल्दी ही।

पहरेदार नम्बर 11 : क्या कराह भी दिन वार घड़ी गिनती है? क्या मौत हमेशा समय पूछ कर आती है?

पहरेदार नम्बर 12 : बस, बस करो यह चतुराई, नम्बर ग्यारह, तुम्हारे शब्दों में सन्ध्या समय की-सी बू है, हर बात तुम्हारी जैसे बासी अनुभव।

पहरेदार नम्बर 11 : हर बात बनती है आख़िर बासी अनुभव। ख़ामोशी भी लाखों सिर गंजे कर देती है।

(अन्तराल)

है शब्दों में तुम्हारे तुर्शी, जल्दबाज़ी, डगमगाहट
इनमें चुम्बन के वादे की ख़ुश्बू है,
तुम अभी पहरेदार नहीं हो पक्के,
क्यों उम्रभर को बुला रहे हो सपने?

पहरेदार नम्बर 12 : मेरी आँखों में नींद नहीं, सपना है
मैं पहरे का एक कारण पाल रहा हूँ
मैं पहरेदार पिता का बेटा सच्चा!
पुश्तों से हम पहरेदार चले आए हैं।

पहरेदार नम्बर 11 : पुश्तों से पहरेदार चले आए हैं!
बहुत गर्व है क्या पुरखों की मजबूरी का!!
आँखों में जलती हैं न-ली हुईं अँगड़ाइयाँ
मैं देख रहा हूँ सब कुछ, नम्बर बारह,
तुम हो पहरेदार पिता के बेटे सच्चे!

पहरेदार नम्बर 12 : बस, बस, यह भाषण और नहीं सह सकता
जब करते हो बात, खँगालते हो तल्ख़ी।

(अन्तराल)

क्या पहरेदार पिता का उलाहना है मुझे?

पहरेदार नम्बर 11 : जलती आँखों, दुखती हड्डियों का उलाहना!
ये ताना नहीं, पात्र हैं दया के
क्या ताना है पुश्तों की मजबूरी का
पुश्तों से हम पहरेदार चले आए हैं
कि सो सकें चैन से मनोरोगी
कि उठकर कोई भूत श्मशान में से
नोंच न दे नींद, श्मशान-पति की।

पहरेदार नम्बर 12 : तुम्हारे शब्दों में धुआँ है कड़वा-सा
तुम्हारे भीतर जलती हैं जैसे देवदारी लकड़ियाँ
यह नफ़रत मना है सेवकों के लिए।

पहरेदार नम्बर 11 : हर चीज़ ही मना है सेवकों के लिए,
नफ़रत बिना सेवक के लिए सब वर्जित है,
नफ़रत का सुन्दर काला फूल तेज़ाबी
वर्जना के बंजर में खिलता है यह सदा,
सूखे की ऋतु में उगता है यह सदा,
यह भेंट सदा बिनमाँगे मिल जाती है,

मैंने सेवा का यह भार लिया विरासत में
पर नफ़रत का अधिकार भी तो मेरा है।

पहरेदार नम्बर 12 : तुम जगह-जगह पर काला लहू-सा थूक रहे हो
इस कमरे में थूकना सख़्त मना है,
मुझे तुम्हारी घृणा नहीं अच्छी लगती।

पहरेदार नम्बर 11 : तुम्हें कौन-सी चीज़ मेरी अच्छी लगती है?
क्या उम्र-उनींदे नयन मेरे सुन्दर हैं?
क्या चिन्ता का चाटा गंज बहुत दिलकश है?
या सुन्दर लगते हैं होंठ मेरे पपड़ाए?
सौ पुश्तों की प्यास भरी है जिनमें
या बहुत लुभावनी है मेरी चाल मशीनी?
तुम्हें कौन-सी चीज़ मेरी अच्छी लगती है?

पहरेदार नम्बर 12 : मुझे तुम्हारा कुछ भी नहीं अच्छा लगता।

पहरेदार नम्बर 11 : तब मैं बिलकुल मायूस नहीं हूँ तुमसे
तुम अभी पहचानोगे अपनी विरासत,
इस नफ़रत का अधिकार मिलेगा तुम्हें।

पहरेदार नम्बर 12 : मैं नफ़रत का अधिकार नहीं माँगता,
काफ़ी है मुझे भार सेवा का ही।

पहरेदार नम्बर 11 : सेवा की राह और एक ही मंज़िल है—नफ़रत,
जो आती है निश्चय ही जो नित आएगी,
तुम्हारे भी रस्ते में आएगा बिनमाँगा
नफ़रत का सुन्दर काला फूल तेज़ाबी।

पहरेदार नम्बर 12 : बस, बस, अब यह तेज़ाबी वर्षा बन्द करो
ओ डंक बिखेरते मानुष-सर्प-हत्यारे,
न बिखेरो इस रास्ते पर नफ़रत की चिंगारियाँ
बस, बस करो, यह बकवास सही नहीं जाती।

पहरेदार नम्बर 11 : नफ़रत जन्म लेती है जब कुछ भी सहा न जाए,
कितनी जल्दी पहुँच गए हो मंज़िल पर?

पहरेदार नम्बर 12 : बस, बस करो, मेरे यार, मेरे साथी,
मैं एक घूँट प्यास, प्यार का अभिलाषी हूँ
इच्छा है मेरी बस एक कोमल-सी छुअन की,
एक कोमल कली के परसने की इच्छा है।

(अन्तराल)

हर शब्द तुम्हारा शीत हवा का झोंका,
हर तरल भाव पत्थर होता जाता है,
यह कोमल, गर्म, लचीली देह मेरी,
अचानक सख़्त हो गई है लाख फाँसों में?

(अन्तराल)

मैंने अपने मन में था दीया जलाया,
लौ थी जिसकी सुर्ख़ चुम्बन-सी।
तुमने धुआँती लकड़ी मेरे मन में चुभो दी
अब भीतर कड़वी कालिख ही कालिख है
बस, बस करो, मेरे यार, हे मेरे साथी।

पहरेदार नम्बर 11 : मैं यार नहीं, मैं तो नम्बर ग्यारह हूँ,
ग्यारह और यार में लीक अलंघ्य है।

(अन्तराल)

मेरे भीतर भी धधकती है कड़वी कालिख,
नफ़रत कोई माँग कर नहीं ली है मैंने,
जलाया था मैंने भी सीने में चतुर्मुख दीप
लौ जिसकी सुर्ख़ चुम्बन-सी थी,
ख़ुश्बू जिसकी ज्यों कच्चे दूध की धारें,
मैंने हर क्षण जलाई थी नई साँस की बत्ती,
चलकर आ पहुँचा नफ़रत की दरगाह पर,
मैं इस देहरी पर दीप नहीं रखना चाहता
पर किधर जाऊँ, समझ नहीं आता।

पहरेदार नम्बर 12 : अगर इस रास्ते की मंज़िल यह दरगाह है
तो यह रास्ता छोड़ देना ही बेहतर है।

पहरेदार नम्बर 11 : तो फिर क्या त्याग दोगे पहरेदारी?

पहरेदार नम्बर 12 : हाँ, अगर कोई चारा इसके बिन नहीं,
क्या इसके बिन कोई और द्वार भी खुला है?

पहरेदार नम्बर 11 : हमारे हर रस्ते पर साये हैं नफ़रत के,
नफ़रत इस युग का परम धर्म सबसे ऊँचा
राजा प्रजा से दुखी है, प्रजा राजा से
माँओं को खीज कि औलाद सदा भूखी है
बच्चे खीजते हैं, सीने में दूध नहीं है।

है रूप काम पर थूकता लेकिन बिकता है
और काम रूप को चख कर, यूँ फेंकता है
ज्यों कड़वी नीम का घूँट कोई भर बैठे
कर्मों, धर्मों, शर्मों की सब मर्यादा
यों टूटी है जैसे टूटें भुरभुरा कर तारे,
आँखों के लज्जा, ग़म, ममता के आँसू
प्यासी धरती गटक गई है।

(अन्तराल)

हमारे युग के रथवान मानुष हैं क़ब्र जैसे,
रथ में जुते हैं लाखों हत्या के घोड़े
नथुनों से फेंकते महा ज्वाला,
जिधर से गुज़रें, हो त्राहि-त्राहि जड़-चेतन,
कोसों तक धरती जैसे कोख में भ्रूण
फूल-पौधे झुलसें, भुरभुरा कर गिरें,
नफ़रत की लकीरों में बँटी समूची धरती।

पहरेदार नम्बर 12 : क्या इस धूनी में भस्म बनेगी धरती?
या इसके लिए उम्मीद अभी कुछ बाक़ी है?
आँखों में लज्जा, ग़म, ममता के आँसू
सूख जाएँ इतनी जल्दी, मैं मान नहीं सकता,
इतनी जल्दी तो इंसान मर नहीं सकता।

पहरेदार नम्बर 11 : हर नया बच्चा जो धरती पर आता है,
वह पाक है मनुष्य की नफ़रत से, कोरा है वह।
वह हमारे ग़म-अम्बर पर उम्मीद-सितारा है,
हर पल अम्बर में टूटते रहें सितारे,
हर पल अम्बर में उगते रहें सितारे,
अभी क़ुदरत मायूस नहीं है आदम से।

(अन्तराल)

और धरती भी बहुत दयामयी है,
जिस जगह गिरती है लाल लहू की धारा,
जिस जगह बिखेरे जाते हैं कटे सिरों के बीज,
उसी जगह उग पड़ती है हर बरसात में
हरी घास, सुर्ख़ फूल, उन्नाबी पौधे,
धरती अभी भी बहुत दयामयी है।

पहरेदार नम्बर 12 : कुछ और भी हैं अम्बर में सितारे उम्मीद के,
लाखों रूप, जिनके नयन भरे हैं इन्तज़ार से,
लाखों नयन जिनमें सपने हैं भविष्य-सुन्दरी के।

पहरेदार नम्बर 11 : हाँ, इनसे भी हमें उम्मीद बहुत है।

(काले दरवाज़े की तरफ़ इशारा करके)

पर तुम-मैं पहरेदार हैं नरबैरों के,
नरबैर कभी जो नींद में हड़बड़ाकर
चीख़-पुकार मचाते हैं यूँ काँच चबाकर
ज्यों महा-शीत वर्षा में लाख दरिन्दे
किटकिटाने लगें दाँत एक ही साँस में,
ये जो बोतल में अँगड़ाई ले नहीं सकते,
शीशा आख़िरी नहीं टूटेगा कब तक?

पहरेदार नम्बर 12 : यह शीशा तो मानव मन जैसा पक्का।

पहरेदार नम्बर 11 : यह शीशा है मानव मन जैसा कच्चा,
यह आख़िर हो ही जाना है टुकड़े-टुकड़े,
नरबैरों के अखाड़े ने आख़िर सजना है।

पहरेदार नम्बर 12 : ये जिन्न जो नर-सृष्टि के बैरी पक्के,
जो खेल-खेल में रौंद दें धरती को,
जो तत्त्वों को फेंक दें चिथड़ा-चिथड़ा,
है शुक्र ख़ुदा का ये इंसान के हैं बस में सब,
कीलित हैं बोतलों में,
इनसे कुछ ख़ौफ़ नहीं इंसान को अब
ये सदा रहेंगे क़ैद बोतलों में,
हैं पहरेदार इनके तुम-मैं सच्चे।

(काले दरवाज़े पर खटखटाहट, भीतर से एक साथ कई आवाज़ें)

खोलो, खोलो, खोलो, दरवाज़ा खोलो
ओ कृतघ्नों, खोलो, हमारी भी सुन लो
... ...
नरबैर नहीं नरसेवक हैं हम,
नर का कहा मान कर ही हम बैर कमाते हैं।
... ...

हमारी निंदा का शौक़ किसे चर्राया है?
नर-सृष्टि की शामत आज क्यों आई है?
हम तमाम सृष्टि के तत्त्व भिड़ा देंगे,
हम जल-थल-नभ-पाताल हिला देंगे,
इस महाअग्नि में धरती हो जाएगी विलीन
जैसे हो तपते तवे पर पानी।

... ...

हमें नरबैर कहें ये नर-बच्चे,
ये नर-बच्चे, हत्या रोज़गार है जिनका,
नर-लहू मांस और मज्जा व्यापार है जिनका,
ये नर-बच्चे जिनमें से कुछ निर्बल हैं,
बाक़ी निर्बल की बलि देने वाले हैं,
हम बाँझ करेंगे धरती को सदा के लिए,
जनती है जो कुछ निर्बल, कुछ हत्यारे।

पहरेदार नम्बर 12 : ये सपने हरगिज़ सच न होने देंगे,
नरबैर रहेंगे चाटते काँच की कतरनें,
न मर सकेंगे, न मुक्त हो पाएँगे क़ैद से,
हम पहरेदार कभी भूल नहीं करते।

नरबैर : हम वर्तमान से तेज़, तेज़ भविष्य से,
हम फूलों की ख़ुश्बुओं से भी सूक्ष्म,
हम अलख अगोचर निराकार सच्चाई,
हम जड़-चेतन में धड़कन अटिक रवानी,
हम सदा बन्द नहीं रहेंगे बोतलों में,
हमें काम दो या आज़ादी ही द़ो।

पहरेदार नम्बर 12 : नरबैर के लिए आज़ादी सदा मना है,
आज़ादी है हवाओं को, इठलाकर चलें,
आज़ादी है फूलों को बाँटते रहें ख़ुश्बू,
आज़ाद हैं मेघ, बरस जाएँ प्यार की तरह,
बरस जाएँ बाँझ रेत पर, उजाड़ में भले ही,
आज़ाद है उषा, लज्जा की लाली बिखेरे,
आज़ाद है किरण, धरती का रोम-रोम टटोले,
नरबैर के लिए आज़ादी सदा मना है,
आज़ादी के बैरी क़ैद रहेंगे।

नरबैर : नरबैर नहीं, नरसेवक हैं हम,

सेवा में लगाओ हमें, हत्या में नहीं,
गर कहो तो बिना बैल रहट चला दें,
गर कहो तो बिना बादल वर्षा बरसा दें,
गर कहो तो बिना मौसम फूल खिला दें,
धरती में छिपे ख़ज़ाने निकाल कर ला दें,
सेवा में लगाओ हमें, हत्या में नहीं।
हम सेवक बुहार दें कालिखें, धूलें,
हम चाँदनी से भर दें तुम्हारे दीये,
और मुट्ठियाँ भर कर रख दें तुम्हारे दुआँखें में,
किरणें उतार कर ज़मीन पर, करें तुम्हारी रसोई,
तुम्हारे रोम-रोम में हो तृप्ति, रूप और सपने,
सेवा में लगाओ हमें, हत्या में नहीं।

कुछ और नरबैर : हैं मौत अचानक से भी हम अचानक,
हैं तेज़ कल्पना से, तेज़ हैं मन से।
एक झपकी में लाख-सौ योजन चलें,
हैं सागर हमारी फलाँग, छलाँग हैं पर्वत।
नहीं रहना हरगिज़ बन्द हमें बोतलों में,
है हरकत, चाल, तड़प ही हमारी देह,
कब तड़प किसी शीशे में बन्द रही है?
क्यों बाँध रहे हो बिजली मेहराबों में?
यह शगल बहुत महँगा है, आदम बच्चे,
क्यों पाल रहे हो डंक, डंक से तीखे,
नहीं रहना हरगिज़, बन्द हमें बोतलों में।

पहरेदार नम्बर 12 : यह प्रलय जैसा शोर, महा अन्धकार,
ये शब्द गिरें ज्यों ओलों की बरसात,
नरबैरी ये, नरसेवक या नरघातक?
सेवा, आज़ादी, बरबादी, क्या माँगें ये?
ये क्या चाहते हैं, क्या कहते हैं, समझ नहीं आता।
ज्यों बाज़ी हार गया हो शतरंज-खिलाड़ी,
सब काले सफ़ेद, फ़ीले, प्यादे, घोड़े
चिढ़ कर फेंक दे ज़मीन पर उलटे, सीधे, औंधे।

नरबैर-समूह : या हमें काम दो या आज़ादी ही दो।
नरबैर नहीं नरसेवा हम कमाएँ,
मनुष्य की तरह हम आदी नहीं हैं हत्या के,

क़हर-अग्नि में धरती यों हो जाएगी विलीन,
जैसे हो तपते तवे पर पानी।

पहरेदार नम्बर 11 : बस, चुप हो जाओ, बैठ जाओ अपनी-अपनी जगह,
रोओ, चिल्लाओ, क्यों फोड़ो माथा,
यह काँच नहीं है कच्चा जो चटख जाएगा,
यह अँधेर नहीं ख़ुदा का, हे नरबैरो,
जिस में कोई किरण कहीं मिल ही जाएगी,
यह है आदमी का रचा अँधेरा,
इससे नामुमकिन होगी बन्द-ख़लासी।

(काले दरवाज़े पर धक्का बन्द हो जाता है)

पहरेदार नम्बर 12 : छा गई क़ब्र-सी फिर एक ख़ामोशी,
बस निरी घड़ी की टिक-टिक जीती है,
टिक-टिक जीती है, पर जैसे मर चुका समय,
सौ वर्ष बीत गए, अभी पाँच नहीं बजे।

पहरेदार नम्बर 11 : दो मिनट अभी बाक़ी हैं सूली जैसे।

पहरेदार नम्बर 12 : दो मिनटों में उम्र भर का ख़ौफ़ झेलना,
यह पहरेदारी सचमुच बुरी बला है,
दो मिनटों में तो रूप झुर्रा जाएगा,
और पी लेंगे बाल सफ़ेदी सारी।

पहरेदार नम्बर 11 : हर रोज़ आख़िरी पल, क्षण, अध-क्षण तुम्हारे
ज्यों बीतते हों किसी ज्वालामुखी के जबड़े में,
है किस अनहोनी होनी का डर तुम्हें?
साही जैसा रोम-रोम है तुम्हारा,
हर रोज़ ग़ायब हो जाते हो छुट्टी होते ही ज्यों...

पहरेदार नम्बर 12 : ज्यों भूत श्मशान से भागे किरण देखकर

(अन्तराल)

हर शाम मेरे मन में फाँस-सी गड़ जाती है,
शायद आज घर वापस पहुँच नहीं पाऊँगा मैं।

पहरेदार नम्बर 11 : *(बात काट कर)* कहीं आज कोई जादूगर छलिया
मुझे ही पकड़कर बोतल में न बन्द कर दे?

पहरेदार नम्बर 12 : तुम कैसे जानते हो मेरे मन की व्यथा?

पहरेदार नम्बर 11 : ये बाल उम्र नहीं, पहरे में सूखे हैं,

हर साँस में यही दुर्गंध झेली है मैंने।

पहरेदार नम्बर 12 : मैं रोज़ पहुँचता हूँ, तीख़े तेज़ क़दमों से,
वह फिर भी कहती है...

पहरेदार नम्बर 11 : देर बहुत क्यों लगाई?
सौ जन्मों से राह देख रही हूँ तुम्हारा?

(बाहर सफ़ेद दरवाज़े पर दस्तक)

बाहर से आवाज़ : कौन देख रहा है जन्मों से राह मेरा?
किस की दुरेच्छा मुझे यहाँ खींच लाई है,
यह सृष्टि अभी कुछ और समय जी लेती।

(घड़ी पाँच बजाती है)

मैं आख़िर आ पहुँचा हूँ, दरवाज़ा खोलो।

पहरेदार नम्बर 11 : यह कौन है, किस की आवाज़ भूचाल जैसी है?
आदम बू की दुर्गंध कहीं से आई है।

पहरेदार नम्बर 12 : मुझे जाना है, मेरे 'ऑफ़' होने का समय हो गया,
आज फिर देर हो गई, नहीं आया चौदह... पन्द्रह...

बाहर से आवाज़ : मैं आख़िर आ पहुँचा हूँ, दरवाज़ा खोलो,
मैं शक्ति हूँ, मुझसे इन्तज़ार नहीं होता।

पहरेदार नम्बर 12 : मैं चलता हूँ, मेरे इन्तज़ार में प्रिया,
हर पल, हर रोज़, नई सलीब पर चढ़ती है।

(अन्तराल)

मैं चलता हूँ, मेरे प्रेम-मिलन का समय हुआ।

(अन्तराल)

आज फिर देर हो गई, नहीं आया चौदह... पन्द्रह...

बाहर से आवाज़ : खोलो, खोलो, दरवाज़ा खोलो,
मैं शक्ति हूँ जिसका इन्तज़ार होता है,
पर इन्तज़ार का मैं नहीं आदी हूँ बिलकुल,
मैं निरी तड़प हूँ, इस तरह टिका नहीं रह सकता मैं।

पहरेदार नम्बर 12 : मैं निरी तड़प हूँ, मुझ से टिका नहीं जाएगा,
एक जन्म-सा आधा मिनट बीत चुका है,
इतनी देर में तो प्रेम घृणा बन सकता है,

अभी तक भी नहीं आया चौदह...
पन्द्रह...
यह कौन महा-दुर्गंध घोल रहा है,
रोम-रोम में मेरे, वादे की ख़ुश्बू थी।

पहरेदार नम्बर 11 : तुम कौन ख़ुराफ़ाती हो, जो चीख़ रहे हो दरवाज़े पर?
अगर तुम हो कोई नरबैर, तुम्हारा क्या है नम्बर?

बाहर से आवाज़ : मैं नम्बर-वम्बर नहीं, निरी शक्ति हूँ,
शक्ति को तुम ख़ुराफ़ात भी कह सकते हो।

पहरेदार नम्बर 11 : शक्ति-विशुद्ध के लिए यह द्वार खुल नहीं सकता,
यहाँ केवल नरबैरों के लिए पनाह है,
तुम शायद ग़लत द्वार पर चले आए हो।

(नम्बर 12 पागलों की तरह लाल दरवाज़े को खोलने का यत्न कर रहा है, लेकिन दरवाज़ा नहीं खुलता)

मैं शायद ग़लत द्वार पर चला आया हूँ,
खुल जा, हे सुर्ख़ प्रेम के दरवाज़े,
खुल जा, है मेरे इन्तज़ार में प्रिया,
विश्वास चटख जाएगा, गर मैं नहीं पहुँचा।

बाहर से आवाज़ : खोलो, खोलो, खोलो, दरवाज़ा खोलो।
मेरी आवाज़ से यह द्वार चटख भी सकता है।

पहरेदार नम्बर 12 : यहाँ केवल नरबैरों के लिए जगह है,
यदि तुम हो कोई नरबैर, तुम्हारा क्या है नम्बर?

बाहर से आवाज़ : *(जो पहले से ज़्यादा स्पष्ट है)*
नर ही नरबैर के लिए, इतना बेचैन है!
मैं नम्बर-वम्बर नहीं, महाशक्ति हूँ,
मेरी शक्ति शब्दों से गिनी नहीं जा सकती,
है मेरी हिंसा अंकों की क़ैद से बाहर।

पहरेदार नम्बर 11 : यदि तुम हो कोई नरबैर, तो महास्वागत है।
खुल जा, खुल जा, खुल जा, हे काले दरवाज़े,
शक्ति चलकर मानव के घर आई है,
एक और नया नरबैर मनुष्य के वश में है।

(सफ़ेद दरवाज़ा खुलता है। बाहर से ढलते सूरज की लाली भीतर झाँकती है, जैसे सत्य किसी साज़िश को बींध डाले। एक आदम-क़द बोतल, जिसमें जिन्न क़ैद है, भीतर प्रवेश करती है। बोतल के इर्द-गिर्द आग का खोल है। बाहर दो पहरेदार—जो शायद नम्बर 14 और 15 हैं—एक दरवाज़े के पास, दूसरा ज़रा हटकर बेहोश पड़े दिखाई देते हैं। काला दरवाज़ा खुलता है। बोतल एक ही बार में सरक कर कमरा पार करके अन्दर समा जाती है। दरवाज़ा तेज़ी से बन्द हो जाता है। यह सब पलक झपकने से भी कम समय में होता है। काले कमरे में बोतलों की लम्बी क़तार की झलक-सी दिखाई देती है। कमरा पहले से ज़्यादा गर्म है।)

भीतर से आवाज़ : खोलो, दरवाज़ा खोलो, हे पहरेदारो,
मैं शायद चला आया हूँ ग़लत द्वार पर।

पहरेदार नम्बर 12 : हर चीज़ ही चली आई है ग़लत द्वार पर,
मैं इस कमरे में बन्द, निकल नहीं सकता।
तुम उस कमरे में बन्द, निकल नहीं सकते।
मैं, पहरेदार, खोल नहीं सकता द्वार।

भीतर से आवाज़ : खोलो, दरवाज़ा खा लो, हे पहरेदारो,
मैं इस कोठरी में क़ैद नहीं रह सकता।

पहरेदार नम्बर 11 : यह कोठरी ही नरबैरों के लिए जगह है,

भीतर से आवाज़ : मैं इस कोठरी में क़ैद नहीं रह सकता,
मैं इस धोखे को बिलकुल सह नहीं सकता,
ये बौने जिन्न, इनमें मैं नहीं रहूँगा।

पहरेदार नम्बर 11 : ये बौने जिन्न बड़ी शक्ति के स्वामी हैं,
इनमें से कुछ तो नगर हिला सकते हैं,
कुछ मसल कर रख दें क्षण भर में पर्वत ऊँचे,
ये सागर को चुल्लू में पी सकते हैं,
ये सब मिलकर धरती रौंद सकते हैं।

भीतर से आवाज़ : मैं अकेला सारी सृष्टि रौंद सकता हूँ।

पहरेदार नम्बर 11 : हमें ज़रूरत है सिर्फ़ धरती के बैरी की,
सारी सृष्टि से कोई बैर नहीं हमारा।

भीतर से आवाज़ : क्या धरती, इसके सागर, नगर, मरुस्थल,
ये ऊँचे पर्वत, क्षितिजों तक फैले जंगल,
ये कुलबुल-कुलबुल कीड़ों जैसे लोग,
मैं चमकूँ तो ये झुलस जाएँगे सारे,
ज्यों महालपट में मुट्ठीभर पीले पत्ते,
सब बुझ जाएँगे सूरज छोटे बड़े,
चटख जाएगी सब सृष्टि, बिखर जाएगी ज़र्रा-ज़र्रा,
फिर अरबद, नरबद महा अन्धकार।

(नम्बर 12, नीम बेहोश, लाल दरवाज़े के पास गिर जाता है। नम्बर 11 सुन्न खड़ा है। घड़ी—शायद उसकी चाबी ख़त्म हो गई है—चुप है, सुइयाँ स्थिर हैं)

भीतर से आवाज़ : खोलो, खोलो, दरवाज़ा खोलो।
ये बौने जिन्न, इनमें मैं नहीं रहूँगा,
अगर मैं हूँ तो इनकी ज़रूरत नहीं।

पहरेदार नम्बर 11 : यह दरवाज़ा हरगिज़ खुल नहीं सकता।

भीतर से आवाज़ : तुम कौन हो, ओ महाशक्ति से उलझने वाले?

पहरेदार नम्बर 11 : मैं बिक चुका आदमी हूँ, मैं नौकर हूँ,
मैं पहरेदारी के लिए विमुख हूँ सबसे,
मैं प्रेम, हया, भय, करुणा, सब से रीता हूँ,
मेरे सीने में नहीं है दिल, जो पिघल जाएगा,
मेरे तन में नहीं है मन, जो चटख जाएगा,
क्या ख़ौफ़ मौत का, चाव नहीं है जीवन का,
तुम अभी नये-नये हो, मुझ से नावाकिफ़,
तुम्हें पड़ेगा रहना मेरी आज्ञा में।

(दरवाज़े पर धक्का लगना एक बार बन्द हो जाता है। कुछ देर ख़ामोशी रहती है। अचानक धक्का फिर शुरू होता है।)

भीतर से आवाज़ : हे बिक चुके मानव, हे आज्ञाकारी,
मेरे भी इर्द-गिर्द खोल है हुक्म का

लेकिन शक्ति सदा हुक्म में बँधी नहीं रह सकती,
शक्ति का सदा स्वभाव है सर्व-उल्लंघन,
जाओ कह दो जाकर मेरे जादूगर से,
जाओ कह दो जाकर मेरे रचयिता से,
यह खोल हुक्म का चटख जाएगा कुछ देर में,
इससे पहले कुछ आज्ञा दे ले मुझ को।

(नम्बर 12 हड़बड़ाकर उठता है)

पहरेदार नम्बर 12 : मैं चलता हूँ, मेरे इन्तज़ार में होगी प्रिया
पहले ही देरी हो चुकी द्रोह जितनी

पहरेदार नम्बर 11 : शुरू से द्रोही है कर्तव्य प्रेम का
तुम्हें जाना है बेशक, लेकिन जाओ किसी और रस्ते से।

(नम्बर 12 प्रश्नसूचक चेहरे से नम्बर 11 की तरफ़ देखता है)

भीतर से आवाज़ : हे बिक चुके मानव, हे आज्ञाकारी,
जाओ कह दो मेरे रचयिता से जाकर,
यह खोल हुक्म का चटख जाएगा कुछ देर में,
मैं रेत की तरह मसल दूँगा सारी सृष्टि को,
मैं धुन दूँगा अणु-अणु तत्त्वों का,
बुझ जाएँगे सितारे, जल उठेंगे पानी,
जाओ कह दो मेरे रचयिता से जाकर,
हे बिक चुके मानव, हे आज्ञाकारी।

(नम्बर 12 सब कुछ समझ जाता है)

पहरेदार नम्बर 12 : *(लाल दरवाज़े की तरफ़ दौड़ता है)*
मैं जाता हूँ शूल-सी तेज़ी से ग्यारह!

पहरेदार नम्बर 11 : लेकिन किस तरफ़ जा रहे हो तुम, बारह?
क्या दिशाभ्रम के चक्कर हैं तुम्हारे पैरों में?

पहरेदार नम्बर 12 : इस तरफ़ ही तो जादूगर का घर है।

पहरेदार नम्बर 11 : इस तरफ़ उसका घर है, निवास नहीं,
तुम प्रेमी, ताकते हो नयन अपनी प्रिया के,
तुम इस राह के सुनसानों से हो अनजान।

पहरेदार नम्बर 12 : मैं इस तरफ़ की रौनक से हूँ परिचित,
इन राहों के रस्ते शौक़-से लम्बे हैं,
इन राहों पर फव्वारे हैं प्रेम जैसे,
इन राहों पर गीत हैं ज्यों प्रीत बुलाए,
इन राहों पर ख़ुश्बुओं के साये हैं,
जिनके नीचे बैठ रूप करता है इन्तज़ार,
इन राहों के दीये हैं चुम्बन जैसे।

पहरेदार नम्बर 11 : तुम इस राह के सुनसान से हो अनजान,
हाँ, इस राह पर प्रेम जैसे हैं फव्वारे
जिनमें गुमसुम आँखें धोईं विरह ने,
हर हवा का झोंका सहम-सन्देश,
हर आहट में शंका किसी बुरी ख़बर की,
हाँ, इस राह पर हैं प्रेम जैसे फव्वारे
और घास किरणों के अबरक से सजी-सँवरी,
देर हुई जिन्हें चूमा नहीं है बच्चों के पैरों ने,
देर हुई रूठ गए चुहल, खेल बच्चों के
आज हर बालक का खेल है—इन्तज़ार पिता का।

भीतर से आवाज : ये मानव भी सचमुच हैं अजीब पागल
ये बच्चे जने जाते हैं, रचते हैं हम को भी,
ये नगर बसाते हैं, जिन्नों की ख़ातिर,
जाओ कह दो मेरे रचयिता से जाकर,
इस मूर्खता का अन्त होने वाला है,
ये घास किरणों के अबरक में रंगी हुई,
ये बच्चे बुलबुले हों जैसे तरल रश्मि के,
एक और किरण का ताप ये सहने वाले हैं।

पहरेदार नम्बर 11 : निकल जाओ जल्दी पीले दरवाज़े से,
यह द्वार जो काली लज़्ज़त की ओर खुलता है,
इस तरफ़ है दुर्गंधों की बेहोशी,
बेहोशी के बिना आदमी की शरण-भूमि और कौन-सी?

पहरेदार नम्बर 12 : काली लज़्ज़त की ओर जाता है क्या जादूगर?
मेरे मानने में यह बिलकुल नहीं आता,
कुछ भी हो, आख़िर है वह प्रेमी सच्चा,

पहरेदार नम्बर 11 : आँखों में लेकर प्रलय की परछाइयाँ,

हर धड़कन में लेकर अहसास जुर्म का काला,
क्या जादूगर जाएगा अपने घर को?
अपने घर जिन्न लेकर जाता नहीं कोई,
वह जादूगर है रचयिता प्रलय का—
क्या होंठों पर लेकर साज़िश जैसी ख़ामोशी,
वह चूम सकेगा होंठ अपने बच्चे के?
क्या चूम सकेगा होंठ, शब्द जिनके हैं
मेघों के फ़ाहे उषा के रंगों में रँगे,
'मैं बड़ा होकर गीत लिखूँगा, पापा
मैं बड़ा होकर चित्र बनाऊँगा, डैडी'
तुम मेरी आँखों में आँसू देखना चाहते हो?

पहरेदार नम्बर 12 : मैं चलता हूँ, मेरे इन्तज़ार में होगी प्रिया।

पहरेदार नम्बर 11 : है जीने-मरने के इन्तज़ार में सृष्टि,
जाओ संकटकाल में हुक्म देता हूँ तुम्हें,
गुज़र जाओ फ़ौरन पीले दरवाज़े में से,
काँच-प्याले में दुर्गंधित जल के किनारे,
धुआँ उगलते किसी दीये की छाया में,
बेमौसम गर्म किसी नारी की गोद में,
वह ढूँढ़ रहा होगा कुछ बेहोशी।

पहरेदार नम्बर 11 व भीतर की आवाज़ मिलकर : जाओ उस प्रलय के रचयिता से कह दो,
तुम्हारी प्रलय का बाँध टूटने ही वाला है,
यह धरती, इसके सागर, नगर, मरुस्थल
यह ऊँचे पर्वत, क्षितिजों तक फैले जंगल,
मेहनत की ओस से बनी झोंपड़ियाँ,
मेहनत के आँसुओं से रचे ये महल, मीनारें,
किरणों के अबरक में रंगे फूल पौधे,
साकार वफ़ा सपनीले अंग गोरी के,
ये बच्चे बुलबुले हों जैसे तरल रश्मि के,
सब तुम्हें आवाज़ें दे रहे हैं, घर आ जाओ,
सब तुम्हें आवाज़ें दे रहे हैं, फ़ौरन आ जाओ

(पीला दरवाज़ा धीरे-धीरे खुलता है। आगे घना धुआँ है और कुछ दिखाई नहीं देता। नम्बर 12 बोझिल क़दमों से उस ओर बढ़ता

है, दरवाज़े के पास पहुँचकर एक बार लाल दरवाज़े को भीगी नज़रों से देखता है, फिर मुँह मोड़ लेता है और पीले दरवाज़े के घने अँधेरे में खो जाता है। दरवाज़ा धीरे-धीरे बन्द होता है।...पर्दा गिरता है।)

ना धुप्पे ना छाँवें

न धूप में न छाँह में

[1967]

अपने नाप के बराबर

मेरा ओढ़न मुझे दे दो,
तुम्हारी पोशाक ने
मुझे ओढ़ा है बहुत देर तक

बासी हो चली मेरी काया की मिट्टी
पराये परदों के भीतर,
मेरा ओढ़न मुझे दे दो,
पहली बार पहन कर जो
तुम्हारी दुनिया में चला आया था

तुम मेरे मोहन नहीं, तो भी
किनारे पर पड़ी पोशाक ले जाओ
मुझे पानी, पवन, धूप, छाँह
के वस्त्र ही बहुत हैं,
ग्रीष्म पहन कर पानी से गुज़रूँ,
शिशिर पहन कर धूप में विचरूँ,
दिगम्बर हो दिशाओं के बराबर हो जाऊँ,
किनारे पर पड़ी पोशाक जो पहनूँ,
किनारे से परे मैं जा नहीं सकता,
किनारा ही मुझे जैसे पहनता है

तुम्हारी पोशाक में
एक अजनबी की तरह
अपने पास रहता हूँ,
कभी दर्पण में मिलता हूँ अपने आप से तो
खंडित-सा दीदार होता है,

अ-बाज़ू हाथ, अ-धड़ गर्दन, अ-सिर माथा,
किसी नोंची हुई तसवीर के
बाक़ी बचे हिस्से,
मैं अपने आप का बाक़ी,
अपना समूचा दीदार माँगता हूँ

तुम्हारी पोशाक के नाप के लिए ब्योंती गई मेरी काया,
उस की हर फ़ालतू कतरन मुझे दे दो,
मैं अपने आप के
कुछ बराबर हो जाऊँ

मेरा ओढ़न मुझे दे दो,
बहुत देर तक तुम्हारी पोशाक ने
मुझको भोगा है

मेरी नग्नता में दीया

अँधेरे में से मुझे आवाज़ आई है
अभी एक धड़ खड्‌गधारी निकला है अँधेरे से

अपना सिर काट कर ख़ुद आ रहा है?
या नई कोई योनि बेसिर है?
इसका तन आवाज़ बेमुँही
जो मेरी आँखों में झाँक नहीं सकती,
जो मेरी आत्मा में बिना इजाज़त बैठ गई है
आत्मा के दर नहीं? दीवार नहीं?
इस जगह मेहमान बेदस्तक, बिना अधिकार
आकर बैठ जाते है?
मैं अपने जिस्म में नंगा, विशुद्ध आनन्द, बैठा था
इसने मुझे फ़ुर्सत न दी तन लपेटने तक की भी
मेरी नग्नता में जलाकर रख दिया है एक दीया
मैं अपनी रोशनी में सहमा
निर्वाक् बैठा हूँ
कोई कन्या जैसे सपने में
पराया बाल जन कर काँप उठी हो!

अँधेरे में से मुझे आवाज़ आई है
अभी एक धड़ खड्‌गधारी निकला है अँधेरे से

तुम्हारे हज़ूर मेरी हाज़िरी की दास्तान

तब हाज़िर था मैं,
तुम्हारे हाथ में तलवार जब
तड़फड़ाई थी नंगी प्यास जैसी,
लहरता सुलगता मेला—
सूखे सरोवर-सा जब बुझ गया था गुमसुम,
बिछा था दूर तक ख़ामोशी का बंजर,
जिस में साँस भी उगता नहीं पूरा

तब हाज़िर था मैं,
तुम्हारे मुख से जब बोल का एक टुकड़ा
निकला था जैसे, सुलगती लपट हो :
शीश जिसके पास है, हाज़िर करे!
तब बेशीश आदमी जैसी हाज़िरी थी मेरी,
मेरे सीने में मेरी जान
अचेती लहर की तरह चौंक कर उठी
और फिर सो गई निगली गई नदी की लहर जैसी,
मैं अपने आप की एक लीक
अपनी हाज़िरी के बिना कुछ भी नहीं था तब,
मैं अपनी जगह बैठा था किसी दरख़्त-सा
जिसे तने से दो-चार हाथ छोड़कर
साबुत काट डाला था किसी ने,
सिर्फ़ नंगी बौनी हीनता,
मेरे ऊपर नहीं थी मेरी अपनी छाया भी

तब हाज़िर था मैं,
तुम्हारी नज़र जब फाँस किरण जैसी

झाँकती थी मेरी दरारों में से भीतर,
मेरे भीतर जो एक सूरज-सा तुमने जला रखा था,
उसकी रोशनी में व्याकुल था मेरा अहं,
मैं पूछता था अपने आप से—
मेरे धड़ पर मेरा सिर है या सिर का दम्भ है,
जो दिखाया तो जा सकता है,
इस्तेमाल बिलकुल नहीं किया जा सकता?
मैं अपना आप हूँ या अजनबी हूँ?
मैं गुरु-दरबार में बैठा पुरुष हूँ
या नारी हूँ
जो घर से निकली तो थी
जिस्म में एक फ़ालतू-सा अंग जोड़े
मगर भरी रोशनी, भरे बाज़ार में सबके सामने
अंग जो भुरभुराया
नारी का लूला सच सब पर हो गया प्रकट...

मुझे अब अपनी ही हाज़िरी एक बोझ लगती थी,
और भरे मेले की चुप
बोझ थी उपहास का

और जब हुआ चमत्कार,
तब हाज़िर था मैं,
मेरे पास ही बैठा था चमत्कारी
जिसने अपने हाथों उतार कर शीश अपना
सहज ही टिका दिया तुम्हारे चरणों में

तुम्हारे हाथों में निश्चल तलवार भी,
थर्रा गई थी क्षण भर के लिए
चमत्कार देख कर कि,
शीश वाले शीश अर्पण के लिए
तलवार के मोहताज नहीं होते

चमत्कारी ने अपना शीश
यूँ सहज टिकाया तुम्हारे चरणों में,

ज्यों अम्बर के पैरों में
रोज़ सुबह अपना सूरज जलाकर रख देती है,
चौंक कर उठी थी मेरी जान
फिर दरारों में बिखर जाने को

जादू में बँधा मेला
ज़रा-सा हिल, थिर हो गया था,
चुप थर्राई ज़रा-सी और फिर
रेत में सो गई

और चमत्कारी पुरुष एक और
और एक और फिर एक और
एक गगन में एक ही समय
कई सूरज उदय हुए
और मुझ बे-शीश को धीरज हुआ :
शुक्र है, अब गुरु को ज़रूरत नहीं

और जब तुमने शीश को
दस्तार का सत्कार देकर
तख़्त पर अपने ही पास बिठाया था,
मुझे रंज हुआ—
हाय गर पहले पता होता
कि इतना प्यार दे कर
सतगुरु ने शीश लौटा देना है वापस,
तो मैं...
तो मैं...

माना कि मेरे धड़ पर मेरा शीश नहीं,
शीश का पाखंड तो था,
मैं यह पाखंड ही अपने गुरु को भेंट कर देता,
पर नहीं,
तुम्हारी नज़र अभी भी शूल-किरण जैसी,
मेरी दरारों में से झाँक रही थी भीतर,
मेरे भीतर तुमने जो सूरज-सा एक जला रखा था,

वह जीता-जागता था,
और कह रहा था :
इस जगह दम्भ का सिक्का नहीं चलता,
शीश अर्पण का समय सदा है, लेकिन
अपने धड़ पर पहले शीश पैदा कर

तुम्हारे दरबार में
अभी भी हाज़िर हूँ,
मैं अपनी जगह बैठा हूँ
किसी दरख़्त की तरह,
तने से चार हाथ छोड़ जिसे
साबुत काट डाला है किसी ने
मेरे धड़ पर अभी तक भी नहीं मेरा शीश
लेकिन शीश का पाखंड भी नहीं अब,
सोचता हूँ :
मेरे धड़ पर नये सूरज-सा
जब शीश उगेगा,
रोशनी उस की
गुरु का नाम लेकर, अर्पित कर दूँगा
कि महज़ नंगी बौनी हीनता
मुझ से अब जी नहीं जाती

अप्रामाणिक

हर रात गली में मैं और तारे इकट्ठे सोते हैं
एक दूसरे के निस्तेज सुलगते अंगों के गवाह
एक दूसरे की नींद में भी झिझकते हैं आने से

हर सुबह जब मुझे अख़बारी आकर जगाता है
मैं ख़ूब समझता हूँ, मेरे घर सूरज आया है
सब तारे गए बुहारे, अब मेरी ही बारी है

और जब बुहारी आकर इस गली की पीठ पर
खरखरा करती है,
मैं ख़ूब समझता हूँ, गली अब सरपट दौड़ेगी,
मैं उठ बैठूँ,
नहीं तो मैं ज़र्रा-ज़र्रा होकर बिखर जाऊँगा
या किसी नज़र के
तेज़ तिमुँहे काँटे में बिंध जाऊँगा,
बोटी मांस-सा, नंगा, अधकच्चा,
जिसे न कोई खाएगा,
न तेज़ तिमुँहे काँटे की सूली से नीचे उतारेगा

मेरा दरवाज़ा एक उबासी की तरह खुलता है,
मैं अपना आप बुहार कर गली से भीतर फेंकता हूँ,
मुझे उमस का परदा है,
पुरवाई में, मैं हमेशा नंगा हूँ

मेरी घरवाली घर का कूड़ा बुहार कर
बाहर गली में फेंकती है,
मैं डरता हूँ,
मेरी घरवाली मुझे कहीं देख न ले!

नदी किनारे

जब मैं प्यास की मरुस्थली अंगों में लेकर
आ ही पहुँचा, इस नदी के किनारे
अनजाने में,
तो मेरी प्यास का
क्षण-क्षण बदन थर्रा गया,
किसी बालक ने ज्यों
कोरे कँवारे काग़ज़ों पर
पहली बार खींच दिये हों चक्रवात,
और मुझे लगा—
समूचा संसार कृपालु हुआ है मेरी प्यास पर,
तरंगित अंग
लचकीले से संकेत
अछूती आवाज़ गोरी ख़ामोशी की :
रे पहली प्यास वाले सुन्दर नौजवान,
आ निगल ले मुझको,
मेरा जल निर्मल है।

मैंने प्यासी अंजुलि पानी में कमर तक डुबो दी,
मुझे पानी की पहली परत में से
पत्थर ही मिला एक—
तिकोना, बेवज़न, ख़ामोश, नंगे अर्थ जैसा,
मेरे कुछ कहने से पहले
नदी के बीच
लहर लपेटती मछली कोई चमकी और फिर गुम हो गई,
जैसे पानी की पहली परत
अपनी नग्नता पर शरमा गई,

लजाई गाल-सा पानी,
पहली पेशी-सा संकेत,
नई मटमैली-सी चुप की आवाज़ :
तुम्हारे हाथों में जो तिकोनी नग्नता है
यह उस कामी की है,
जिसकी अंजुलि में उँगलियों से कहीं अधिक थे छेद,
जिसके होंठों तक पहुँचे बिना आधे रास्ते से मैं लौट आती रही,
तिकोनी नग्नता क्रोध है उसका,
मेरा नहीं,
रे पहली प्यास वाले सुन्दर नौजवान,
आ निगल ले मुझको,
मेरा जल निर्मल है।

मैंने अपनी अंजुलि पानी में डुबो दी गर्दन तक,
मुझे पानी की दूसरी परत में से
परछाईं बना आकार मिला,
जवानी में मरे के प्रेत जैसा,
मेरे हाथों में किसी व्यर्थ जन्म की बू थी,
मेरे कुछ कहने से पहले
नदी के बीच
लहर-खँगालती तड़पी मगर-मछली,
जैसे पानी की दूसरी परत
तार-तार नंगी होकर तुड़-मुड़ रही हो,
असुर-मंथन-सा पानी,
किसी राहु-सा संकेत,
बिना अधिकार अमृत पीने का संघर्ष,
और परछाईं-से स्वर में टूटते कुछ शब्द :
जो तुम्हारी अंजुलि में प्रेत है
वह जन्म से ही प्रेत था,
मेरी देह में इसने मौन की तरह विचरना चाहा था,
इसे हर शब्द बदनामी-सा
भयभीत करता था,
मुझे इसकी देह में से एक मृतक की बास आती थी,
मैं इसे अंजुलि भर मिल न सकी,

इसे तन अर्पण करना
तर्पण था जैसे मृतक जठेरे का,
यह मेरी लहर के गले में झूल कर चुप हो गया,
कई बार मृतक भी
ख़ुदकुशी का दम्भ करते हैं,
मेरी दूसरी परत में जो बू है,
मृतक की बास है
मेरी नहीं है,
मेरे जी में इसकी छाया घुल गई है
अनकिये काम के पश्चात्ताप जैसी,
रे पहली प्यास वाले सुन्दर नौजवान,
आ निगल ले मुझको
मेरा जल निर्मल है।

मैंने अपनी अंजुलि पानी में डुबो दी नाक तक,
मुझे पानी की तीसरी परत में से
मिट्टी मिली गोरी,
किसी चन्दन बदन के
पहले श्रृंगार के उबटन-सी,
मुझे लगा :
किसी नंगे बदन से लाज कच्ची पोंछ दी मैंने,
नदी का जल व मेरी प्यास
दोनों थे एक दूसरे के सामने,
मुलज़िम की तरह लज्जित,
मेरा कुल तन बदन एक प्रश्न अपराधी,
जो डरता है कहीं उत्तर न कोई कूक उठे,
मैं इस सुनसान नदी के किनारे
आ गया था इस भरोसे
कि नंगे जल में नंगी प्यास का
स्नान होगा,
तो कोई ईर्ष्या मिथ्यामुखी इसे न देखेगी,
मैंने किससे लिया अधिकार
इस पानी में सोयी नग्नता जगाने का?

नदी के होंठों पर पपड़ी-सी एक चरमराई,
उसकी आवाज़ पीली थी,
उसने कहा :
तुम्हारे हाथों में जो गोरी बिलखन
छिछड़े-सी खुरचन है,
वह किसी का कुँआर है,
मेरा नहीं है,
अँधेरी रात मेरी नींद में
एक अनजानी वस्तु ने प्रवेश किया था,
जिसमें से मुझे कोरे जिस्म की बास आई थी,
पहली बार किसी का जिस्म
मेरी नींद में गँदला गया था,
पहली बार किसी का कुँआर
किसी की देह के गिर्द लक्ष्मण-रेखा
मैंने अनचाही लहर से पोंछ दी थी,
अँधेरी रात में वह वस्तु बेपहचानी
कँटियाली-सी पानी में से अध-निकली,
मेरे पानी में पीछे रह गई,
मिट्टी उसकी
खरोंची, नोंची, खुरची-सी
भरी दुनिया में,
जिस किसी जगह भी कोई जिस्म है
हज़ारों पहरनों में जो है उघड़ा
उस को कहना :
"तुम्हारा पहरन
कुँआरी लाज
तुम्हारी लक्ष्मण-रेखा
मेरी तीसरी परत का शाप है
आकर इसे ले जाओ"
मेरे तन में
पराये फेंक गए इतिहास अपने,
मेरी हर एक परत में
कुछ न कुछ ऐसा मिलेगा
जो मेरी रचना नहीं है,

जो मुझ में बन्द है,
जो मेरा अपना नहीं है,
रे पहली प्यास वाले सुन्दर नौजवान,
आ निगल ले जिस किसी भी जगह
मेरा जल निर्मल है।

मैं अपनी प्यास की मरुस्थली अंगों में लेकर,
चौरासी से खड़ा हूँ इस नदी के किनारे।
सदा चाहा—
कि निर्मल प्यास ही
निर्मल नदी का नीर पीए,
लेकिन दिनों-दिन प्यास में इतिहास जुड़ते जा रहे हैं,
जो मेरे बिन बुलाए हैं,
जो मेरे अनकमाए हैं,
मेरी प्यास है रंग-बदरंग।

मैं अपनी प्यास की कौन-सी परत डुबोऊँ,
नदी में किस जगह?

सुलगता हाथ

अँधेरी रात में जिस हाथ ने
सुलगता जिस्म तुम्हारा छू लिया है
वही हाथ सुलगता है

अग्नि के कुंड में से जो चुल्लू
भरा था मैंने आचमन के लिए
न उसे अचव ही सका,
न गिरा ही सका,
पहली बार मेरे जिस्म की सारी दरारें
बेबस लगती हैं,
कोई जल है
जो टपकता ही नहीं,
मेरी बाँह के सिरे पर आ कर
कहीं से जुड़ गया है
अग्नि का पुष्प पाँच-पत्तिया,
मैं जिसे तोड़ना चाहूँ भी तो
वह टूट नहीं सकता

मैं दिन दहाड़े भरे बाज़ार से निकलूँ,
मेरे संग झूलती है
बाँह में उगी हुई एक जोत पंच-जीभी,
मैं अपनी शर्म के एकान्त में
सो जाने का गर दम्भ करता हूँ,
मेरे सीने में बाँह-मशाल
जगती जागती है,
मेरे समूचे खोए अस्तित्व में से

बाक़ी बची है एक भ्रूण बालक की बिलखन,
क्यों बची है?
मेरे न-होने को कुछ हो गया है।

अँधेरी रात में इस हाथ ने
सुलगता जिस्म तुम्हारा छू लिया है,
वही हाथ सुलगता है।

बिना पैरों का आदमी

मेरी पीठ पर अभी-अभी
दीवारों से तुमने जो कुछ कहा है,
वह सच है,
मगर अभी जन्मा नहीं

कई सच जन्महीन ही मर गए,
मेरी हथेली पर उनकी रेखा है,
उनकी क़िस्मत मैं जिऊँगा,
अनेकों भाग्य बने
जिन का भोगने वाला कोई न था,
उन में जो भी दाग़ है
मेरे मस्तक की शोभा वह बनेगा,
भरी दुनिया से पहले
जिस किसी जगह भी कोई सुन्दर प्राण है,
उम्र के पहले क्षण—
जिसे चौराहे पर बिलखना है,
उससे कह दो :
वह बेशक जन्म लेने का कष्ट न सहे,
अनकिये काम की शोहरत मैंने अपने माथे पर ले ली है,
मेरी पीठ पर अभी-अभी
जो दाग़ मेरे लिए तुमने सोचा है,
वह तुम्हारी कृपा है,
कोई दुष्कर्म इस बहाने होने से रह गया है,
तुम्हारी दीवार पर पूर्णिमा जब दबे पाँव चढ़ती है,
तब तुम जिस बेपैर आदमी की आहट सुनती हो,
वह बिना पैरों का आदमी मैं हूँ,

तुम्हारा दरवाज़ा तुम्हारे दिल की तरह ही जब धड़क उठता है,
वह मेरी दस्तक है,
जो मेरे बिना अकेली आ गई यहाँ,
तुम्हारा हुक्म मान कर
तुम्हारी नींद में तुम्हारे साथ जो भी जागता है,
तुमने जिसे वर्जित समझ कर गटक लिया है,
वह मैं ही हूँ,
जो तुम्हारी इच्छा के हाथों
हज़ारों बार बना हूँ, मिटा हूँ
अजब नंगा, निर्लज्ज, वासना का एक सरोवर हूँ,
जिस में आत्मा
अपनी नग्न पवित्रता पहन कर प्रवेश करती है,
और फिर झटपट उसे झटक देती है
शर्मिन्दगी की तरह।

तुम्हारे तन से अभी छिटकी गई थी जो बूँद,
मेरी देह पर आकर बैठ गई है—
पूछ रही है :
तुम्हारी दीवार पर पूर्णिमा जब दबे पाँव सरकेगी,
तुम्हारा दरवाज़ा तुम्हारे दिल की तरह ही जब धड़क उठेगा,
तब तुम किस बिना पैरों के आदमी की राह देखोगी?
तब नींद में अपने साथ तुम किस को जगाओगी?
वर्जित समझ कर तब फिर कौन-सा जाम पियोगी?
मुझे लम्बी चौरासी से कब मुक्ति मिलेगी?
तुम्हारी पीठ पीछे अभी-अभी
दीवारों से मैंने जो कुछ कहा है,
वह सच है,
वह ख़त है,
जो मैंने लिखा नहीं,
लेकिन फाड़ दिया है।

लूली विदा

चलो बिन दस्तपंजे के ही
विदा हो जाएँ,
मेरा हाथ ख़ुदकुशी के कारण,
रस्म से मुक्त है।

ख़ुदकुशी के किनारे
हाथ से पूछा था मैंने :
मेरी ख़ातिर तू मेरे दोस्तों की तरफ़
दस्तपंजा बन कर बढ़ता था,
तेरे बिन दोस्ती का क्या बनेगा?
तेरी हथेली पर अब तक लिखी
क़िस्मत की रेखा
मेरे बिना कौन इसको जिएगा?

ख़ुदकुशी की धुन में पक्के
मेरे हाथ ने कहा :
मैं तुझको दोस्ती के दम्भ से
मुक्ति दूँगा,
ख़ुदकुशी के बग़ैर कोई भी मुक्ति नहीं मुमकिन,
अपने से पहले
अपनी क़िस्मत को मरने दे,
कि तुझे ढंग आए बिना क़िस्मत जीने का,
तुझसे पहले जो भी था तेरे लिए,
मैं अपने साथ उसको दफ़न करता हूँ,

अजनबी धूप में बेक़िस्मत गीत
अपनी छाया ख़ुद बनाएँगे।

चलो बिन दस्तपंजे ही
विदा हो जाएँ,
मेरा हाथ ख़ुदकुशी के कारण,
रस्म से मुक्त है।

दस्तक न दो

मेरे दरवाज़े पर दस्तक न दो,
दस्तक सुन कर मैं बाहर चला जाऊँगा।

दस्तक होती है कि जैसे
सँवरे मुख-मंडल से
हँसी का आबशार झरता है
उज्ज्वल, निर्मल, शुद्ध,
इसमें मानवता का कोई भी दाग़ नहीं,
इसे सुन कर मन सावधान हो जाता है,
मुझे सावधान क्यों करते हो,
फिर सच नहीं, मैं सभ्य बात कहूँगा।

अगर आ ही गए हैं, तो आइए
ख़ुशआमदीद कहने के लिए मैंने आँखें बुझा दी हैं,
रोशनी गुल की है,
रोशनी क्यों माँगते हो,
रोशनी में नीयत पकड़ी जाती है,
अँधेरे में बहुत नज़दीकी है,
अँधेरे में हर उम्र यौवनवती है,
रोशनी क्यों माँगते हो,
आप के मीठे शब्दों की उँगली पकड़ कर मैं
जिस भी रास्ते पर चाहोगे, चलता जाऊँगा,
बेशक उम्र कुछ बड़ी है
लेकिन भला लोग हूँ,
अँधेरे की चादर पर किरणों जैसे शब्दों के साथ

मैं सुन्दर सुर्ख़ चित्र बनाऊँगा,
फिर उस मूर्ति के सामने मैं स्वयं को चढ़ाऊँगा।

मेरे दरवाज़े पर दस्तक न दो,
दस्तक सुन कर मैं बाहर चला जाऊँगा।

सड़क दे सफ़े उत्ते

सड़क के सफ़े पर

[1970]

मनुष्य के पैर

जब मक्का से वापस आ रहा था
तो मन हुआ,
मनुष्य के पैर चूमूँ।

जब मक्का से वापस आ रहा था,
मस्तक में एक दीया जलता था,
जो सारा रास्ता मुझसे
रोशनी की कहानी कहता रहा,
बहुत मुश्किल, बहुत आसान था रेगिस्तान का रास्ता,
बहुत बड़ी थी मनुष्य के पैर की अज़मत,
सिर पर दहकता था सूरज दोपहर का,
हरेक हाजी के सिर पर शोभा देती थी कलग़ी,
जैसे फाँक सूरज की उतर कर आई हो ज़ियारत के लिए।

रोशनी का क़ाफ़िला था,
और उसके साथ चलता जा रहा था...रब्बुलआलमीन,
अभी-अभी क़ैद से रिहाई मिलने के बाद,
उसने सहज ही कहा मेरे कान में :
मैंने पहली बार मनुष्य के पैर में पैग़म्बरी की शान देखी है,
मनुष्य के पैर ने पहली बार मेरे दिल की बात की है,
मेरा पैग़ाम नानक ने
जो पैरों की ज़बानी कल सुनाया था,
किसी भी और भाषा में सुनाया जा नहीं सकता,
पैरों की आयत लाफ़ानी है,
मैं अपने घर में बौना हो गया था,
अब क़ा'बे के क़द से ऊँचा हूँ,

मैं रस्मी अदब में सिकुड़ गया था,
बेअदबी ने मुझे आज़ाद किया है,
मैं अब फिर दो आलम से ऊँचा हो गया हूँ
और मन होता है मेरे भी पैर हों,
मनुष्य की तरह हर आलम में घूमूँ।

जब मक्का से वापस आ रहा था
तो मन हुआ, मनुष्य के पैर चूमूँ।

मात्र श्रद्धांजलि

जिन राहों पर नानक चला था,
उन राहों के पहले मोड़ पर ही
मैं खड़ा हूँ,
कोई महरम नहीं जो इस सफ़र में साथ दे,
और अकेले चलने की मुझे आदत नहीं।

इन राहों पर, सुना है,
गुरु नानक अकेला चला था,
गुरु के साथ इस मोड़ तक आए थे चलकर,
पिता का रंज,
माँ की बिलखन,
और प्यार सुच्चा बहन का,
इसी मोड़ तक अर्द्धांगिनी क़ी आँख में से उड़कर
हज़ारों आँसुओं की डार आई थी,
जो कहती थी कि मैं भी साथ जाऊँगी,
उम्र के सफ़र में बादल की छाया-सी
तुम्हारे साथ रहूँगी,
इसी मोड़ तक आए थे दो बच्चे
अपना खेल अधबीच छोड़कर
और कहते थे :
हमारे तोतले शब्दों को अपने साथ ले जाओ,
तुम्हारे बिना कौन इनके अर्थ समझेगा?
लेकिन नहीं,
गुरु ने अपने साथ कुछ भी न लिया,
गुरु नानक इन राहों पर चला था,
ईश्वर की तरह अकेला।

इन राहों के पहले मोड़ पर खड़ा मैं पूछ रहा हूँ :
मेरे मन में गुरु की राह पर जाने की इच्छा है,
मुझे कुछ तो रियायत चाहिए,
है मन होता इन राहों पर चलूँ,
और मेरे साथ वह सब कुछ भी चले,
मेरी ख़ातिर जिसे मेरे पिता ने जमा किया था,
या मैंने कमाया है,
मेरी पदवी बमय सिजदे सलामों के,
वे सभी मजलिसें जिनमें मेरा अदब होता है,
और ये परिवार के लोग
जिनके बिना ईश्वर में मेरा चित्त लगता नहीं
और यह सुन्दर-सा छोटा-मोटा सामान भी मुझे बहुत प्यारा है,
है मन होता
कि तमाम घर-बाहर को पहिये लगा कर साथ ले चलूँ

कोई उत्तर नहीं मिला
और मैंने आस भी नहीं छोड़ी

गुरु नानक जिन राहों पर चला था,
उन राहों पर मैं बस सोचता हूँ,
गुरु ने ख़ुद कर्ता की तरह जो-जो बनाया था,
मैंने उसे फ़ासले पर खड़े रह कर
सिर्फ़ सराहा है,
उसे बिन माँगे महिमा मिली थी
मैंने सफलता की याचना में उम्र गला दी है,
गुरु की अंजुलि में दो आलम का ख़ज़ाना था—
मेरे पास मात्र श्रद्धांजलि है...
जिन राहों पर नानक चला था,
उन राहों के पहले मोड़ पर ही
मैं खड़ा हूँ,
कोई मरहम नहीं जो इस सफ़र में साथ दे,
और अकेले चलने की मुझे आदत नहीं।

वृक्ष साथ लेकर चलना है

अकेला मैं,
अकेला मरुस्थल,
एक दूसरे में से गुज़रना है दोनों को।
अपनी-अपनी आग में सुलग रहे हैं, दोनों
एक दूसरे में अभी सुलगना बाक़ी है।

मन में आया अपने साथ
कोई घनी छाया लेकर चलूँ,
जो भी वृक्ष उखाड़ कर उठाया छतरी जैसे,
चार क़दम चल कर ही सूख सड़ गया,
पत्ता-पत्ता झड़ गया,
मरे वृक्ष की छाया बहुत देर ज़िन्दा नहीं रह सकती।

आख़िर अपनी मिट्टी में से ही वृक्ष उगाया,
मेरी तरह इकहरा अकेला,
इसकी छाया मेरे साये की तरह ही
मेरे सिर पर नहीं रहती थी।

पत्ते-पत्ते की हरियाली
चाल मेरी में लहक रही है,
महक सदा सिर से रिसती है,
रोयों में सोये पक्षी जाग उठे हैं,
प्रति पल काया में से
पौ फूटती है ताज़ा,

भरी दोपहर में दहकते मरु में से
सदा सवेरा बनकर गुज़र रहा हूँ।

मरुस्थल ने कहा :
मेरी मिट्टी में अपना पौधा लगा दो,
बहुत सफ़र किया,
अब अपनी छाया में बैठ जाओ।

वृक्ष अपना अपनी मिट्टी में से उखाड़ूँ,
सूख सड़ जाएगा,
पत्ता-पत्ता झड़ जाएगा,
अपनी छाया में बैठने से पहले
अपनी छाया मर जाएगी,
वृक्ष साथ लेकर चलना है
चलती महक-सा बनना है,
चलते वृक्ष की छाया में भला कभी कोई बैठा है?

ख़ुदकुशी के बाद

हम ख़ुदकुशी कर चुके हैं,
वृक्षहीन मैदानों पर
ख़्वार हो कर आन मिले हैं।

कभी इन्हीं मैदानों में
बसता था एक घना जंगल,
तरह-तरह के पेड़ों की उगी थी उम्मत,
माँओं जैसी छायाएँ सब ने तले बिछाईं,
साये सब के सरमाये, सब की विरासत
छाया-माया की मंज़िल तय कर चुके हैं।

वृक्षहीन इस धरती पर जीव नहीं था कोई,
जो भी जिंए वृक्ष-योनि में जिए,
इसको भोगे,
जहाँ पर होना, वहीं पर जीना
पैर बिना, पंख बिना,
चोर अँधेरी धरती में उतरते जाना दरारों की तरह,
वृद्ध समय तक मिट्टी के थन खुरच-खुरच कर पीते रहना,
अन्त समय तक थन की पकड़ से ख़ुद को उखाड़ न सकना,
उखड़ने से, टूटने से डरना,
बहुत अनापे से टूट कर आपे के संग आन जुड़े हैं,
वृक्ष-योनि की जकड़न तोड़ कर उभर चुके हैं,
हम ख़ुदकुशी कर चुके हैं।

बाहर दलदल भीतर पानी, देही की मजबूरी,
जो ब्रह्मांड में वही अंड में,

भीतर की सीलन में कहीं छिपी है चिंगारी,
दलदल से जितना उखड़ूँगा, पैर बनूँगा
अपने से जितना टूटूँगा, पंख बनूँगा,
आस-त्रास की ऐसी रोशनी
साँस में सुलगाई न थी कभी किसी ने,
तन मिट्टी, मन मिट्टी,
मिट्टी से रोशनी तक का फ़ासला
अपने बनाए पैरों पर तय कर चुके हैं,
हम ख़ुदकुशी कर चुके हैं।

अग्नि-योनि में एक ही साँस में मरना-जीना होता है,
वृक्षहीन मैदानों में कोई कैसे अपना प्रेम छिपाए,
हथेली-जैसे सपाट मैदानों में
मैं तुम आन मिले हैं,
एक दूसरे के सामने
किरणों जैसे नंग-मनंग,
अपने अहं को अब अपनी भी ओट नहीं है,
अपनी निर्बलता के लिए अब तो
कोई दुनिया नहीं दोषी,
सारे रास्ते, सब पदचिह्न मिट चुके हैं,
मर चुकी है ईश्वर की शरण-भूमि तक पहुँचने की अभिलाषा भी,
सब के लिए, सब को बिसर चुके हैं,
हम ख़ुदकुशी कर चुके हैं,
वृक्षहीन मैदानों पर
ख़्वार होकर आन मिले हैं।

एक सलीब और

और फिर...अगली सवेर...
ईसा को
पिछली सलीब से नीचे उतरने से पहले ही
उठानी पड़ी एक सलीब और

अँधेरी भीड़ में से
एक बेचेहरा हीजड़ा आवाज़ चिल्लाई :
कोई इन्तज़ार मंज़ूर नहीं किया जा सकता,
गर्भ-योनि के नियम बदल चुके हैं,
पूरे गर्भ पर ठहर सकता है एक हमल और,
मैं अपने आरम्भ को
किसी के ख़ात्मे तक स्थगित क्यों करूँ?
जब कि मुझे साबुत नहीं पैदा होना,
गर्भ में आदमी के पकने का
जो भी वक़्त आप ने तय किया है
मनमाना है,
जब आप के फ़ैसलों के बावजूद
आदमी जन्मता अधूरा है,
तब मुझे पैदा करो,
इस पारम्परिक समय से पहले,
अभी, बिलकुल अभी,
वह मेरी पीढ़ी का समय है,
सफ़र तैयार
इन्तज़ार न मुमकिन है, न मंज़ूर,
हड़बड़ी में
तन-मन का जो भी अंग

पीछे छोड़ जाएँगे,
उनसे मुक्ति का जश्न गाएँगे,
और जो भी कटा-कुतरा
लेकर जाएँगे साथ,
यादृच्छक, स्वहीन
माँ-बाप पूर्वजों की देन
उसे कोसेंगे, उस पर हँसेंगे,
उसकी शर्मिंदगी का इन्तज़ार नहीं करेंगे,
चलो हमारे बाप,
अपने सलीबी स्वर्ग से नीचे उतरो,
और उठाओ यह नई सलीब,
जो मेरी पीढ़ी ने तुम्हारे लिए तज़वीज़ की है।

अपने नये काम में लगा ईसा
बहुत थक चुका था,
पसीना उसकी आँखों से चू रहा था,
ताक़त पहले से कुछ ज़्यादा थी
मगर सलीब धरती से चिपकी थी,
किसी भी तरह वह हिलती नहीं थी,
हर असफल यत्न पर
हीजड़ा हँसी कुछ तेज़ हो जाती थी,
ख़ुदा के बेटे ने कहा—
ख़ुदा मुझे इम्तहान में डाल
मगर उसमें फ़ेल हो जाने का मौक़ा भी दे,
सदियों के अभ्यास के बाद
जब भी नई सलीब उठाता हूँ,
तब पता चलता है मैंने कुछ भी नहीं सीखा,
अपने काम में भी मैं कोरा हूँ,
तो भी अपनी शोहरत का ललचाया
इश्तिहारी ताक़त की गोलियाँ खाकर
निभा ही लेता हूँ पुश्तैनी फ़र्ज़,
जानता हूँ हर गोली झूठी है
मगर हर जगह किसी झूठ ने मेरी बहुत मदद की है,
किन्तु आज तो झूठ भी अपने फ़र्ज़ से मुनकर है,

क्योंकि आज यह सलीब, ख़ुद धरती है,
इस सलीब को उठाना
उखाड़ना है जैसे धरती को उसके आपे में से,
अगर यह टूट गई तो
मैं तुम कहाँ जाएँगे?
माना धरती को हमारी ज़रूरत नहीं
मगर हमीं इसके बिना क्या हैं? और क्यों हैं?
कुछ भी हो धरती बहुत प्यारी है,
इसी पर बसते हैं हीजड़े असली,
जो आदमी के वीर्य को जाली सिद्ध करते हैं,
इसी पर हैं गोलियाँ नकली,
जिसे कभी-कभी हीजड़े भी चखते हैं,
यह सलीब मैं नहीं उठाऊँगा,
इस धरती को मैं नहीं उखाड़ूँगा,
यह बहुत प्यारी है।

ईसा को हारा देखकर
आसपास ने ऐसी टिटर-टिटर की
कि एक सैलाब जवानी का,
एक तूफ़ान समन्दर को अकेला छोड़कर,
आ गया यहाँ तुड़वा कर बन्धन।

यह सिर्फ़ सपना है?
एक बूढ़ी, दाँत-टूटी गली में,
जब किसी ने ईसा की पिंडली में
अपनी दाँत धँसा दिये,
ईसा ने जंगली ख़ुशी में
अपना तन चीर कर कहा :
ख़ुदावन्दा, इसे माफ़ कर दे,
यह तो जानता है,
यह क्या कर रहा है।

मैली नज़र

मैंने मैली नज़र से आज तुम्हें देखा है,
मेरे सिकुड़ गए बाज़ू में से
फिर एक दस्तपंजा उदय हुआ है,
लगता है
तुम्हारी मिट्टी को दोबारा गूँथकर कोई रचना करूँगा,
तुम्हारे ख़ाविन्द के सामने
बस तुम्हें इतना कहूँगा :

कल अपने सपने में
मेरे साथ या किसी के साथ
तुमने जो वायदा किया था
मैंने उसे सुन लिया है
मैं उसी का बुलाया आ गया हूँ तुम्हारे पास,
तुम्हारी मिट्टी में मैली चिंगारी
जिस किसी के लिए भी दफ़न है
उसे दे दो,
शायद वह अब भी जी सके,
मैली लालसा से ख़ाली कोई उम्र नहीं जीने लायक।

पुराने बाँस की बग़ल में से फूटी है एक ताज़ा डाली,
हरे पत्ते, सुलगते फूल, दहकती लाल ख़ुश्बू
कि जिसके कान पर बैठकर चिड़िया एक
गुनगुनाती है :
होगा,
अब कुछ होगा।
सब कुछ मर नहीं गया।

मैं अपने आप की दलदल परे करके,
उबलता खौलता दरिया तुम्हें आवाज़ देता हूँ,
अपनी मैली नज़र को उदय होने दो,
जिस क्रान्ति की तुम्हारी इच्छा है,
वह सिर्फ़ मैली नज़र से ही मुमकिन है,
यह नज़र कुछ भी है, तुम्हारी है
अपना आप न होना ही गुनाह है,
एक सिर्फ़ मटमैलों के बिना
हर कोई साँप-केंचुली में क़ैद है,
और इसी में समझता है अपनी रक्षा,
हर किसी को डर है,
मैं कहीं हो न जाऊँ अपना आप।

इस नास्ति की केंचुली को तोड़कर,
उबलती, लहराती, चीरती-फाड़ती,
अपने सफ़र पर चलो,
तुम्हारे दरिया की सतह के नीचे मिट्टी दफ़न है,
इतनी सँभलकर न चलो
कि वह तुम्हारे पानी में घुल-मिल न सके,
इंसान के पानियों को मिट्टी की प्यास है।

एक टुकड़ा सूरज नाजायज़

डिब्बी में नंगी तीली

दोपहर का समय
ज़िन्दा गली में घर अकेला है
तल्ख़ गर्मी
हवा बेदम
अकारण ही कोई ख़तरा
मैं चाहती हूँ कि मुझे नींद आ जाए
अचानक ही मेरा दिल धड़का
मुझे लगा
किसी ने घर को माचिस की तरह
अपनी जेब में रख लिया है
और पराये शहर की तरफ़ तेज़ क़दमों से चल दिया है
उस डिब्बी में अकेली तीली नंगी मैं
धड़कती जा रही हूँ
और मेरे गर्भ में चिंगारी है
पराया मर्द दूसरे शहर के बाज़ार में
मुझ नंगी को निकालेगा
मैं अपनी रोशनी में और भी उघड़ी नज़र आऊँगी

कहीं कुछ भी नहीं हुआ
अकेला घर, चिटखनी बन्द
तल्ख़ गर्मी, हवा बेदम
घुप्प अँधेरे में मैं अनदेखी पड़ी हूँ
और मुझे नींद नहीं आई

कोई ज़ीना नहीं

बेगाने घर में मैं ऊपर छत पर बैठी अपनी धूप सेंकती हूँ
शाम का वक़्त
ढली धूप और मुझे लगा
मेरे भीतर गर्म पानी का चश्मा शीत हो रहा है
कोई मौक़ा मेरे हाथों से अचानक निकल चला है
मैंने ऊपर छत से नीचे देखा
कोई इस घर के सब ज़ीने चुरा कर ले गया था

शाम का वक़्त
और सरे राह मुझे घर लौटना था
मुझे लगता है कि यह सूरज
मेरे भीतर मेरे बाहर
इस सूरज को मुझे यूँ शारे-आम ही मिलना था :
मेरे गाल सुलग उठे हैं
मेरे जिस्म पर सब के सामने
सूरज अपना हाथ फेरता है
मैं थरथर काँप जाती हूँ
चलो जल्दी चलो
शहर जंगल
यहाँ कोई अपना नहीं, वीराना है
मेरे भीतर घनी शाम घिरती जा रही है
अभी घर दूर है
चलो जल्दी चलो
कहीं ऐसा न हो
फुटपाथ के जंगल में से कोई जन्तु निकल आए
और जिस्म नोच कर मेरा
फिर जंगल में समा जाए

अकेली पीठ

आज हमारी गली में से कौन गुज़रा था?
मैंने तो नहीं उसे बुलाया था
बहुत गर्मी थी
जैसे बरसों का यौवन
सिमट कर क्षण हो गया था
मेरी मिट्टी में सूरज से भी बड़ा
कौन जल उठा था?

मैं लज्जाई
और लपलपाती लौ अपने घर को लौट आई
गली के मोड़ से अपने घर तक
मैं अपने नाप से बाहर निकलती जा रही थी
मेरे कुरते की पीठ झरझरा कर गिर गई नीचे
मैं नंगी पीठ घर को दौड़ती आई
मुझे लगता है
मेरी अनछुई सुलगती पीठ में से
एक हाथ उदय हुआ था
और इशारों से बुलाए जा रहा था अपनी तरफ़
उसे, जो आज हमारी गली में से गुज़रा था

मैं दरवाज़ा बन्द करके बैठ गई
अकेली भी, अधूरी भी
मुझे लगता है
अभी भी मेरी अकेली पीठ
गली में ही खड़ी है

और उस में से निकल कर हाथ
इशारे किये जा रहा है
इशारे किये जा रहा है

मर्दाना नज़र

मेरे मादा जिस्म में
मर्द कहाँ से उग खड़ा हुआ है?
मेरी मिट्टी में यौवन सरकता है
अनछुई झील का पानी
ख़ूबसूरत मर्द तैर रहा है
छप...छप...छप
झील की तह के नीचे
काली मिट्टी हिली
और मेरे तन-बदन में रच गई
मैं मर्दाना नज़र से
अपने मादा रूप को देख रही हूँ

अचानक बच्चा

मैं सौदा सुल्फ़ लेने
अपने घर से निकली थी

अचानक ही गली में
नंग-धड़ंग बच्चा कहीं से आ गया
और दौड़ कर पीछे से
उसने मेरी उँगली पकड़ ली
चुपचाप मेरे साथ चल पड़ा यूँ
जैसे हो मेरा पुराना पालतू

भ्रूण-मरे की बिलखन

चुप जब कुछ घनी हुई
भ्रूण-मरे बालक का बिलखना सुना मैंने

इसे दुख है कि इसे जन्म नहीं मिला
कोई उम्र व्यर्थ जाने से पहले ही
व्यर्थ हो गई है

बमुश्किल जननी

मैं अपने वक़्त से पहले चला आया
मेरी माता बमुश्किल जननी बनने लायक थी
और पिता को डर था
मैं अभी किसी लायक भी नहीं हुआ
जन्म और जनन, दोनों के समय-बिन्दु
रहे एक दूसरे से अजनबी ही

अपनी देह से बाहर

गहराई रात
गहरे प्रेम के वचन जैसी ख़ामोश, काली भी
मैं ऊपर छत पर अकेली
अपनी देह से बाहर आन बैठी हूँ

गाँव के बाहर, नदी के पास
ज़रा-सी आग किसी ने जला रखी है
शायद चिता है?
अपनी देह से बाहर दूसरा यह कौन रोशन है?
फ़ासले पर हम दोनों
एक दूसरे को देखते पहचानते हैं

नन्ही आग हिली
और गाँव की तरफ़ चल दी

नदी को छोड़ पाले में अकेली ही
गाँव सोया है या कहीं चला गया है
कोई इस आग को न सेंकता है, न बुझाता है
रास्ते में किसी ने रोका तक नहीं
चीख़ती-चिंघाड़ती आग चली आती है गाँव की ओर
कहती है :
मेरी ख़ातिर न कोई सिसका, न हिचका, न सुबका
कोई एक तो बैन करो
कि मैं सुख-शान्ति से ठंडी हो सकूँ

नन्ही आग हर दरवाज़े पर दस्तक दे रही है
दरवाज़े लोगों की तरह कड़े बन्द हैं
उसने दरारों में से हर आँगन में झाँका
आँगन में सब कुछ है
एक हुंकार के बिना
गली के मोड़ पर एक ख़ाली पालना
ख़ुद ही हवा में झूलता है
इबारत दर्ज है दीवार पर :
इजाज़त के बिना चढ़ना मना है

आग का पौधा हमारे घर के सामने आ कर
ख़ुद ही ठहर जाता है
हमारे घर के दरवाज़े भी कड़े बन्द हैं
नन्ही आग, न जाने कैसे लाँघ कर दरवाज़ों को, भीतर आ गई है
कोई खटका नहीं हुआ
अचानक सीढ़ियाँ चढ़कर लपलपाती
सामने मेरे खड़ी है
कह रही है :
हम दोनों ही अपनी देह के बाहर
किसी को ढूँढ़ती हैं
मेरी माँ गुम गई बिना चेहरा दिखाए
तुम्हारा क्या गुमा है?

मैं फफक कर रो पड़ी हूँ
और झटपट देह में अपनी
घुस कर बैठ गई हूँ
देह को ताला जड़ दिया है

दरिया

मैं जिस दरिया का गला घोंट कर
शहर से परे जंगल में फेंक आई थी
मुझे शक है
वह जीता-जागता है
जब भी होश सँभालेगा
मेरी तलाश में
बाढ़ की तरह हमारे शहर आएगा
मगर मैं नहीं मिलूँगी
मैंने अपने धड़ पर अब एक और चेहरा जड़ लिया है
वह सारे शहर को दलदल बनाकर गुज़र जाएगा

समाधि

वह निकली थी अपने घर से समाधि की तरह
उसे अपने अहं की भी कुछ ख़बर नहीं थी
गहरी नींद में सोए बच्चे का जैसे बुत चलता है
उसी तरह चल कर आई थी वह मेरी तरफ़

इस शहर की भरी सड़क थी
उसे आज के दिन लगते थे सब बेगाने
चलते-फिरते सब अनहुए

दहकते वक़्त की धूप की तरह
वह घमासान शहर में से सहज ही निकल आई थी
मेरे गाल सुलग उठे थे
गाल तो पत्ता है जिन पर
धूप ठीक समय पर आ बैठी थी

बहते घने रास्ते के किनारे
भरी दोपहर में जलते खम्भे की तरह मेरा इन्तज़ार था
इस शहर की भीड़ बहुत ही मेहरबान है
मूर्ख खम्भा व्यर्थ जल रहा है
भीड़ उसे देखती है
पर कुछ नहीं कहती

दोनों चले थे हम क़त्लगाह की तरफ़
मेरा क़दम ज़रा तेज़ था, बेताला था
सहज समर्पण जैसी वह चल रही थी
उस के साथ चली जाती थी ख़ामोशी एक
जैसे जो कुछ भी होना है
हो चुका हो

अध-रास्ते
सूरत एक मिली हमें जानी-पहचानी
मेरी मित्ती गुज़र गई बिन बोले-रुके
जैसे उड़ान में आधे राह
पंछी पंख पुराना झाड़कर आगे निकल जाए
मेरे भीतर एक पंछी रोया चिल्लाया
जैसे किसी ने गुलेला मारा हो
चाल थिरकती और भी थिरक गई

क़त्लगाह में क्यों आए हैं?
क्या करते हैं?
क्यों करते हैं?
क़त्ल क़त्ल में

आज जो दुनिया सिरजेंगे
कल को उस का कौन सहारा?
उसने कोई बात नहीं पूछी
अपना आप मेरे अंगों में सहज ही ढाला
एक पतली परछाईं
मेरी सुलग रही धूप की गोद में बैठी थी

आग सुलग कर बुझ चुकी थी
फूहड़ जल्दबाज़ी में मैं अपने वस्त्रों की ओट में पहुँचा
जंग ख़त्म हो जाने पर ज्यों
कायर खंदक में जा छुप बैठे
मेरी मित्ती दीवार की तरह चुप दीवार की ओर मुँह किये खड़ी थी
उस की एकदम कोरी पीठ पर
मैंने देखा एक सिसकी चल रही थी
पहली छुअन पर
पवित्र मांस जैसे चिचलाया
उस की हल्की गूँज उस की पीठ में
उठी, बैठी, गुम हुई
क़त्लगाह में आज जो मरा था
उसे ममता के साथ दफ़न किया मेरी दोस्त ने

क़त्लगाह से बाहर—
हम दोनों के बीच बहुत कुछ मर चुका है
हम दोनों के बीच
बसता है ख़ामोश शहर
दीवार की तरह चुप—
एक दूसरे की ओर पीठ कर गुज़र जाते हैं
उस के अंगों में जो मैं हूँ
मेरे मन के भीतर जो वह है
क्यों है? क्या है? कब तक है?
एक दूसरे से कोई नहीं पूछता
गहरी नींद में बच्चे का क़द जैसे चलता है
एक दूसरे की देह में हम चलते-फिरते हैं

दो कुओं की गुफ़्तगू

जब पति-पत्नी से पहले
हम मिले थे
अपने शहर पराये घर में
दो सूरज मिलकर बैठे थे
एक दूसरे की रोशनी में
पिघल गए थे
उबल रहे दरियाओं की तरह
एक दूसरे में उछलकर मिले थे
मेरे-तुम्हारे एक माथे में
तीसरी आँख उदय हुई थी
उस दिन हमारा जन्म-दिवस था

फिर एक दिन तुम ने सन्देश भेजकर
मुझसे मेरा सिर माँगा था
मैंने दिया था
(इस सिर को तुम्हें दुनिया के सामने
अपने धड़ पर रखना था)
टहनी पर दो सूरज बैठे थे
एक को हमने स्वयं उड़ा दिया
इस संगम में एक दरिया को
ख़ालम-ख़ाली उखाड़ लिया था
दरिया सिकुड़ कर कुएँ बन गए थे—
उस दिन किस का मृत्यु-दिवस था?

उस दिन से आज तक दोनों
चिताओं की तरह घूमते हैं
अग्नि-वृक्ष की टहनियों पर
कभी कोई पक्षी नहीं बैठा
अग्नि-वृक्ष की रोशन-छाँह में
कोई मुसाफ़िर बैठ नहीं पाता

आज फिर तुम्हारा सन्देश मिला है
मेरी समझ में यह नहीं आता
दो कुओं की एक दूसरे से
गुफ़्तगू कैसे होगी?

चिंता

एक चिंता मेरे घर का अंग है
रात-सवेरे जलती रहती
मेरे साथ उठती-बैठती चलती-फिरती है
ज़िद करती है मुझे गोद में उठा लो
घर-बाहर की सैर कराओ
रात ढले मेरे गले से लगकर
सदा सुलगती सो जाती है

आधी रात झिंझोड़ जगाए
कहे, किसी उजाड़ में दीया
निपट अकेला सिसक रहा है
चलें, उस को चुप कराएँ
घर से बाहर निकलूँ तो मेरी
उँगली पकड़ चल पड़ती है
कहती है, बाज़ार में मेरी
मिट्टी की माँ गुम गई है
चलें उस को ढूँढ़ कर लाएँ

कभी-कभी मेरी घरवाली
हड़बड़ा कर नींद में उठ चलती है
घर की चीज़ें समेटती
आँगन बुहारने लगती है
बिन पूछे कहने लगती है :

अचानक मेरी नींद उखड़ गई
कुछ तो घर का काम समेटूँ
शायद कल कोई मेहमान
आ ही जाए

किस उजाड़ में इस का दीया
किस बाज़ार में इस की मिट्टी
निपट अकेली सिसक रही है
उस की आवाज़ सुन ली इसने भी?

एक चिता हमारे घर का अंग है
रात-सवेरे जलती रहती

पंछी पूरा क़त्ल नहीं हुआ

पंछी पूरा क़त्ल नहीं हुआ
क़त्लगाह में से उठकर
मेरे भीतर चला गया

मेरे अम्बर में एक ज़ख़्मी पंछी उदय है
भीतर चुप बहुत चिचियाई
दूर-दूर तक सुलग रहे ज़ख़्मों
की छीलन फैल गई है

भीतर अन्धा दिशाहीन
इसमें पंछी उड़ सकता है
उड़ कर कहीं जा नहीं सकता

ज़ख़्म सिर्फ़ जी सकता है

मर जाए तो ज़ख़्म नहीं

ज़ख़्मी ज़िन्दा पंछी
दीवारों को भी चैन नहीं लेने देता
बेचैन पंख फड़कें तो
पल-पल दीवारों का
कुछ न कुछ भुरभुराता है

भीतर हर क्षण
ज़िन्दा खुरचन टूटती-गिरती सुनता हूँ
टूटना ज़िन्दा लोगों की क़िस्मत है
न टूटें तो ज़िन्दा नहीं
क़त्लगाह में रोशनी
पूरी क़त्ल नहीं हुई
ज़ख़्मी होकर ज़र्रा-ज़र्रा सुलग रही है

शिखर दोपहर, बुझा खम्भा
भीतर ज़िन्दा इन्तज़ार को भोग रहा है

इस शहर की भीड़ बहुत ही सावधान है
बुझे हुए की पीठ पर भी
कोई हाथ नहीं फेरता
कि इसमें कोई भी चिंगारी
अचानक चौंक सकती है

कुछ भी पूरा क़त्ल नहीं हुआ
इस खम्भे पर कल जो नंगी मूरत लटकी थी
क्या मालूम कब बोलने लगे?

सूली पर सूरज लटक रहा है

तुम्हारी देह में जो मैं हूँ
मुझे जी भर कर देख लेने दो
जो चाँद उदय हुआ है तुम में
अपने अक्षर बाँच लेने दो मुझे उस में

तुम्हारे अणु-अणु में से
कोरी रोशनी बन कर रिस रहा हूँ
तुम्हारी दरारों में से
ख़ुश्बू बन कर झाँक रहा हूँ
इस की मुझे कहाँ उम्मीद थी
बदक़िस्मत चाँदनी का सारा सौभाग्य
मेरे पास है

तुम्हारे भीतर तुम बनकर
तुम्हारी ख़ामोशी को सुनता हूँ
किस रास्ते दवा-दारू तक पहुँचूँ
और कहूँ
कल रात जो सूरज सूली पर लटकाया गया था
अभी तक नहीं मरा
पहली चिड़िया अभी चहकेगी
उस से पहले इसे कैसे बुझा दूँ
या सूली से उतारूँ
सूरज सूली पर ही अगर उदय हो गया तो
सूली दाग़ी हो जाएगी...
सूली पर लटके हुए को कौन-सा ज़हर पिलाऊँ
कि सो जाए
सूली हूँ
बेरहम नहीं हूँ...
मेरी देह ने जो रोशनी पहन ली है
दिन दहाड़े उस का दीया जला कर
दुनिया में से गुज़र रही हूँ

कहीं कोई मेरा अंग गुम हो गया है
मुझे मेरा अंग दिला दो
अभी समय है
दिन-दिहाड़े दीया जला कर
दुनिया में से गुज़रती को
अभी दुनिया ने नहीं देखा

इस रोशनी को छू कर
मेरी रात चिपचिपा गई है
सपने में दरियाओं को मल-मल धोती हूँ
अनछुई दुनिया में से आती है आवाज़ :
"इसे अभी ही धो डाल
वरना सारा सागर ही गँदला जाएगा
दुनिया अपने काम छोड़कर
फिर तुम्हें धोएगी..."

चुपचाप तुम्हारे भीतर से निकल आया हूँ
एक ख़ामोश शहर का दुख
मेरे भीतर टीस रहा है

मरी साँपिन

मेरी उदासीनता का दिन था
जब तुम्हें अपनी देह से पोंछ कर
गंगा-स्नानी बन कर
मैं अपने पास बैठने के यत्न में था
समाधि लगा रहा था
यत्न के पुण्य से पहले
सदा कोई न कोई पाप सहज झोली में गिरता है
किसी राहगीर ने
रास्ते से मरी साँपिन उठा कर

मेरे गले में डाल दी
मरी साँपिन और मैं
दोनों एक-दूसरे के बराबर थे
न भोगने वाले के गले में
सर्पमाला
अयोग्य भोग के

भरे एकान्त में
न-हुए लोगों से आँखें चुरा कर
मरी साँपिन को क्षण भर देखा
और काँपा
वह अभी साँस ले रही थी, कहती थी :
मैं तुम्हारी देह में से उगी हूँ
तुम्हारे तन से अलग मैं सदा मुर्दा
तुम्हारी देह पर गिर कर मैं जाग जाती हूँ
क्योंकि तुम्हारी देह गर्म है

साँपिन चुप है
या शायद वहम है
साँपिन नहीं मैं बोलता हूँ
समाधि में मेरे माथे में तीसरी आँख, मेरी दुश्मन
अचानक चीख़ उठती है

यह कोई मसखरा
या ईर्ष्यालु नक्काल है
जो चुप एकान्त में ग़ैरहाज़िर
हँस पड़ा है मजमे की तरह
मेरी पीठ में मेरी अपनी गली ने दाँत चुभोए हैं
पड़ोसिन मुस्कराती है
खिले माथे, मेरी ख़ातिर
मेरे खेत में काँटों की खेती बोती है
मरी साँपिन मेरी गर्म देह पर झूलती है
सर्पमाला भरे बाज़ार में मेरे साथ होती है

मैं सुनता हूँ
मेरी पीठ पर कहानी की तरह सूरज उदय होता है,
शैल्फ़ दुछत्ती से नीचे उतर कर
बज़ाज़ी थान सरपट दौड़ते और खोलते जाते हैं मेरी बात को
और शो-विंडो की मूर्ति
मेरे भीतर का हिस्सा बाहर की तरफ़ करती
ख़ुशी-ख़ुशी पहन लेती है
मुर्दा साँपिन अगर ज़िन्दा हो गई और चली गई
मेरी पीठ पर मेरा सूरज अगर कहीं बुझ गया
गली-बाज़ार में रौनक नहीं रह जाएगी

अभी देह गर्म है
माथे में तीसरी आँख ज़िन्दा है
मरी साँपिन अभी गले में झूलती है
अभी सूरज उदय है
गली बाज़ार में रौनक बहुत है

ताजमहल से पहले

कोई सूरज मेरे भीतर अस्त हुआ है
सुलगता ताज एक अंगों में आकर बैठ गया है
मेरे भीतर तक कोई ख़बर पहुँची है
बाहर अँधेरा उतरा है
अन्दर अथाह रोशनी है
और मैं चुँधिया गई हूँ

मेरे अंग फैलते, टूटते, अचानक मरोड़े जाते हैं
नई तोड़-फोड़ में
सब बदशक्ल हो गया है
बहुत गहरी किसी की चोट ने
मुझे उखाड़ दिया है

मैं गहरी खड्ड भी
अनगढ़ पहाड़ी भी
मेरे भीतर अब कुछ भी समतल नहीं

अपनी दरारों में से
मैंने भीतर बहुत दूर तक ताका
कहीं कुछ भी नज़र आया नहीं
सिर्फ़ लगता है
किसी ने गहरी ज़मीन में जंगल बो दिया है
क़हर ढाया था तूफ़ान ने
वृक्ष और टहनियाँ
एक दूसरे में अटकते, उलझते, टूटते
और फिर सब शान्त हो गए

घनी शाम
और गहरी ख़ामोशी है
पुरानी बैलगाड़ी अकेली
भारी पत्थरों के बोझ तले चरमराती
चली जाती है
चीं...री...चीरचीं...री...चीरचीं...

न गाड़ी-राह और न गाड़ीवान
दिशा ग़ायब
न कोई दूर, न नज़दीक
अँधेरा सहम छाया है
कैसे चीं चीरचीं री चीरचीं को चुप कराऊँ?

चुप नहीं
भीतर अचानक शोर का सैलाब उठा है
मुझे लगता है
जैसे अस्त हुए सूरज की पसली में से पीड़ा उठी है
असह्य दर्द में सूरज बेचारा रो पड़ा है
भयंकर शोर है
परकटे पर्वतों की डार नीचे गिर पड़ी है

हज़ारों दुरमटें, लाखों गेतियाँ, छैनियाँ, हथौड़े
नींद में से हड़बड़ा कर उठे हैं
और एकबारगी बारिश की तरह भीतर बरस दिये हैं
लोहारों, राजगीरों, मज़दूरों का लुटेरा लश्कर
मेरी मिट्टी पर चढ़ आया है
मेरी काया में है फिर नई शुरुआत ताज की
मेरी काया में से सूरज उदय होना चाह रहा है, और
बिलख रहा है

जहाज़ और चूहा

बेकिनारा, बेसड़क पानी में
अकेले दो : एक जहाज़, दूसरा मैं
चलने से पहले हम ने अपने दिशा-यंत्र को
अपने हाथों उखाड़ कर पानी में स्वयं बहाया था
दिशा सूरज न तारे
न कोई पुश्तैनी समझ
पुरखों से रूठी अपनी बेअदबी के सिवाय
कोई हमसफ़र नहीं है अपना

दूर गहरे पानियों तक
धरती की सुगन्ध ख़ामख़्वाह चल कर
हमारे पास आई है
इस हवा में अपनी मर्ज़ी भी
परायी लगती है
एक कोई चट्टान पानी में
हमारे साथ चलती जा रही है
इसे ममता है
कि मिट्टी के जने
मेरे सहारे के बिना
पानी में गहरे ग़र्क़ जाएँगे

ज़ेहन में पुश्तैनी समय के कीटाणुओं
की कुलबुलाहट अभी जारी है
अपनी किश्ती के तहख़ाने में
पुश्तैनी खेत, पुश्तैनी फ़सल और दरिया
अपने रावण, पराये राम
गठरियों में बाँध कर
मेरी माँ ने मुझे पूछे बिना ही रख दिये हैं
राह का निवाला तोशा
अगर भूख चमके तो तहख़ाने में ही
रणखेत हाज़िर है
पालतू कुत्ते यूँ ही रखवाली के लिए तैनात
पूरी वफ़ादारी से भौंके जा रहे हैं
और कुछ चूहे भी पुश्तैनी फ़र्ज़ में बँधे
कुछ न कुछ कुतरते जा रहे हैं
और मुझे यह सफ़र भी
हर सफ़र की तरह व्यर्थ लगता है
मैं अचानक उछल कर किश्ती से बाहर
पानियों के फ़र्श पर आ खड़ा हूँ
इस महा-जहाज़ को दोनों कानों से पकड़
उलटा-पलट देता हूँ
तहख़ाने से हर गाँठ
चकराती गिरती कुलबुलाती
पानियों के बुर्द होती है
अलविदा पुरखों के समय और शहर
देवता और दैत्य
अजायबघर की जगह जो हमारे घर आ बिराजे थे
पालतू कुत्तों की आला नस्ल
अपने फ़र्ज़ में पक्की
आख़िरी बार बहुत भौंकी, और सदा के लिए चुप हो गई
कुछ चूहे भी अचानक गिर पड़े
उन्हें होश सँभालने का कोई मौक़ा नहीं मिला
मैंने अपने जहाज़ को डिब्बे की तरह उलटा कर
बहुत बार हिलाया-खटकाया
हरेक बार कोई न कोई चूहा गिरता रहा बाहर

वह कोई छोटी-सी चुहिया थी जो
हर बार बच जाती रही
मुझे पक्का भरोसा तो नहीं
कि आख़िरी बार वह जलधारा में डूब गई
या किसी कोने में बैठी बच गई
मैंने जहाज़ को समुन्दर के
उफ़नते गर्म पानी में गोते भी दिये
ताकि कृमि-कीटाणु का कोई बीज बाक़ी न रहे
मैंने फिर जहाज़ को सीधा करके
पानी में टिका दिया

मैं ख़ाली भी, साबुत भी
मुझे अपनी दिशा की ओर
फिर शुरू से सफ़र करना है
कोई चट्टान पानी में जो हमारे साथ
चलती आ रही है
और एक चुहिया जो शायद है
या शायद नहीं है
इनसे पहले निपटना है

आग की यात्रा

शहर की सड़क से टूट कर
फाँस-सी पगडंडी जंगल की ओर जाती है
उस पगडंडी पर आज गिरा है
सूरज का टुकड़ा नाजायज़
वक़्त से पहले हुआ सवेरा
धूप बहुत कड़वी चौतरफ़ फैल चुकी है

मैं इस फाँस-पगडंडी पर चल दिया
टुकड़े के खंडित दर्शन के लिए
मुझे लगा मेरे भीतर से कोई हनुमान
ले गया पर्वत उखाड़ कर
पल ही पल में सारे नदी-नाले
अचानक हो गए हैं अन्धे
किसी को अपनी पुश्तैनी जगह नहीं मिलती
मेरा भीतर हज़ारों अन्धे मथ रहे हैं
मैं इस मंथन में टूटा, फेंटा हुआ दरिया हूँ
मेरा पहला क़दम जौहड़, दूसरा दलदल, फिर तालाब, झील...
मेरा चलना किसी तालाब, किसी दलदल का चलना है

किसी अन्धे-से मौसम में ही
टुकड़ा टूट कर फाँस-पगडंडी पर आन गिरा था
आज सवेरे मेरे साथ जागा था मेरा मरण
आज मुझमें से निकल गया पिता मेरा
बेचारी कैकेयी को बिलखता छोड़ कर
"मैं इसे अपने चौदह वर्ष बनवास में क्यों दे दूँ
मेरा पुत्र मेरे बाद भी मेरी उम्र क्यों भोगे?
कौन जाने कब मेरा पुत्र कहीं मुझे वृक्ष पर टाँग दे
अपने धनुष-तरकश की तरह
और फिर उसे बीता स्वप्न समझ कर भूल जाए"
मेरा चलना जैसे जंगल में
दशरथ आत्महत्या ढूँढ़ रहा हो
पिता फिर साबुत मर्द होना चाहता हो

मैं कोई वृक्ष नहीं
मेरी पसली में से एक टहनी यह कैसे निकली
और उस टहनी पर एक सूरज-सा यह क्या उग आया है?
हर रोशनी नाजायज़ है
क्योंकि हर जायज़
पुराने वृद्ध दशरथ के सिवाय कुछ भी नहीं
सूरज की माँ कोई नहीं
कोई औरत उसे सिर्फ़ जनती है

और झटपट अपनी पीठ घुमा लेती है :
मैं एक इंसान से औरत कैसे, क्यों हो गई?

यह जो एक चट्टान ममतामूर्ति-सी
पानी पर मेरे साथ चली आ रही है
कुछ भी है, औरत नहीं
क्योंकि यह सूरज को जन्म नहीं दे सकती
सूरज जनने से पहले अपनी कोख जलानी होती है

पत्थर भी नहीं है यह
पानी में डूबते हुए भी इसे शर्म आती है

टुकड़े ने कहा :
मुझे शहर जाना है
जंगल शहर पर हमले के लिए ही जन्म लेता है
मैं सूरज नहीं, सिर्फ़ टुकड़ा हूँ
महामार्ग से टूट कर
फाँस तक पहुँचना आदत है मेरी
मुझे आकाश में से नहीं
शहर में से गुज़रना है
शहर की देह ने
अपनी रोशनी पर जो कपड़े पहन लिये हैं
कृमि-कीटाणुओं की खेती ज़ेहन में पाल रखी है
मुझे सिर्फ़ उन को जलाना है
गलियों बाज़ारों में से जलती झाड़ू की तरह गुज़रना है
जो अपने सिर पर रोशनी जला कर सीधे नहीं चलते
उन्हें बुहारना है
मुझे किसी की देह में नहीं बैठना शर्मिंदगी बन कर
न किसी के सिर पर जलना है तोहमत की तरह
किसी माता को मुझे आवाज़ नहीं देनी
मुझे सिर्फ़ औरत ने जना है

अलफ़ दोपहर

शिखर दोपहर

[1972]

कोई हादसा

इस सड़क पर कोई हादसा हो
मैं घर जाऊँ

बहुत देर से इस चौराहे पर
खड़ा कर रहा हूँ इन्तज़ार
शायद कुछ हो जाए
नहीं टूटी कहीं ठीकरी कोई
इस शहर के अजब बेमर्ज़ी लोग
बत्ती कहे तो रुक जाएँ
बत्ती कहे तो चल दें
थके-थके बहते बासी-बासी पानी
किस साज़िश ने सारा शहर लील लिया है?
मंत्रमुग्ध कर ली है किस ने चाल शहर की?

अब तो इस शहर में कुछ भी हो नहीं सकता
किसी के माथे में नहीं जलती अपनी बत्ती
किसी की अपनी चाल नहीं है...

सोच रहा हूँ कुछ तो हो
कोई अचानक दब जाए किसी कार के नीचे
अचानक जगे माथे में रोशनी अवज्ञाकारी
मैं ही वहशी क्रोध में आकर
लाल हरी बत्ती खा जाऊँ
धुँधलके में से नव-रचना जागे।

इस सड़क पर कोई हादसा हो
मैं घर जाऊँ

हिजरत-1

हिजरत के वक़्त पता नहीं किस ने कहा :
परख ले अभी-अभी अपनी नई ताक़त को
उठा ले धीमे-से ढह गई दीवारें
छलनी हुई छतें
जलते दरवाज़े, खिड़कियों के अंजर-पंजर
रास्ते में सब को जोड़ लेंगे
डुबो कर नदी में जलती हवेलियाँ
बुझा लेंगे आग
रात बीतेगी सुख की

एक दीवार समूची की समूची मैंने खड़ी भी की
मेरे टखनों तक आती थी वह

भीतर की लपट ने कहा और भड़क कर :
सूरज के सिर पर मलबा
मैं नहीं उठाने दूँगी अब,
पहली बार मुझे क़द मिला है
कतर कर काट कर अब नहीं करने दूँगी
बौनी दीवार के बराबर,
मैं जो देवदार-सी उगी
रात को नहीं सोऊँगी सिकुड़ कर
कमरे में सो कर बुझ जाता है आकाश
हिजरत के वक़्त
मुझे नंगा ही जाने दो
आग की देह को नहीं पहननी क़मीज़

हिजरत-2

हिजरत के वक़्त मुझे शहर ने कहा,
मेरे रसूल
जाने से पहले मुझे यह तो बता जाओ
तुम्हारे लौट आने तक मैं जलता रहूँ कि बुझ जाऊँ?

बरसों से मैं सीलन का मारा
गीली लकड़ी में भड़की है पहली बार सुर्ख़ आग
और तुम जा रहे हो!
तुम मेरी आग में से निकले दहकते सूरज
मेरे रसूल
जाने से पहले मुझे यह तो बता जाओ
नदी पार जा कर ज़िन्दा आग बाँट दोगे
या इधर मेरी आग दफ़ना कर
वापस लौट आओगे?

वह जो सामने सड़क पर पिंजर एक दिखता है
ज़िन्दा है
वह मेरी बेटी है
हाकिमों ने उसके जिस्म से कपड़े नहीं उतारे
कपड़ों समेत पूरा जिस्म उतार दिया है
कौन-सी जगह शर्म है, कौन-सी बेशर्म
शुक्र है ख़ुदा का
कोई पहचान बाक़ी नहीं रही

बाक़ी है अभी भी पिंजर में लज्जा
उस भोली-भाली ने छोटी उँगली में अभी भी

अँगूठी पहन रखी है
मेरे रसूल
जाने से पहले मुझे यह तो बता जाओ
तुम्हारे लौट आने तक
वह अँगूठी पहने रखे
कि उतार फेंक दे?

शहर

मैं अपने शहर वापस चला जाऊँगा
नदी किनारे खड़ा शहर मेरा
उसने अपने तन-बदन का
अपने हाथों अग्नि-शृंगार किया है
नदी में छलाँग लगाने की सोचता है
मुझे अपने शहर को बीच छलाँग के लपक लेना है
उससे कहना है
अभी बुझ जाने का समय नहीं है

मैं अपने शहर
वापस चला जाऊँगा

आग

आधी-आधी रात
मुझे अम्मा ने झिंझोड़ जगाया
कहने लगी तेरे घर को किसी ने जलाया
फाँद कर दहलीज़ें आग भीतर
आन खड़ी हुई है
दीवारों छतों को चाट रही है

आग फाँद कर मैं बाहर निकला
नंगी ललकार की तरह
बाहर गली में बरसती थी गोलियाँ
बौछार के बीच
सहम गई मेरी ललकार

आग फाँद कर मैं फिर भीतर चला आया
अपने बच्चे को लगा कर गले, मींची आँखें
मन में आया
सारी उम्र बिताई
चिन्ता-चिंगारियों में
मरण समय तो निश्चिन्त लेट लूँ घड़ी दो घड़ी
यह आग हमारा क्या कर लेगी
हम जो खाएँ रोज़ आग की फीकी रोटी
जो अपने हाड़ सेंकते जन्म बिताएँ
रात सवेरे पकने वालों को
आग भला क्या कहेगी?

बंजर मैदान

बंजर मैदान
यहाँ किस ने बिछाए हैं?
कौन इन्हें धूप में सूखने डाल एक बार
भूल गया कि ये भी कुछ हैं?

न हरी घास, न सूखे काँटों क़ी झाड़ियाँ
ये दाद-खाए तन
इन पर न कोई ज़ख़्म, न ज़ख़्म की दास्तान
कि जिस की छाया में बैठ जाएँ
कोई सरकंडा तक नहीं
कि बंजारे जला कर रात भर ठंड ही भगा लें
तब भी
इस बंजर के गिर्द बाड़ क्यों हैं?

आराम

[मृत बच्ची और उसे गोद में उठाए माँ]

आ री बिटिया
बैठें यहाँ
पल भर दोनों ले लें साँस

तेरे साथ दो दिनों से लगे-लगे
थक गया है मेरा कन्धा
थक गई होगी तू भी

चलती राह से कुछ हट कर
राहजनों की ओर पीठ कर लें और बैठ जाएँ
अब तो नंगी पीठ की ओट ही काफ़ी है

अच्छा, अच्छा, मैं बैठती हूँ
तू लेटी रह नंगी ज़मीन पर
सब घरों की टूटी दीवारें
सपाट मैदान ही सब का घर है

पूरे दो दिन हम चलती रहीं
न मैंने पकाया न तूने खाया
बेटी, तुझे भूख नहीं लगी क्या?

तुझे पता है तेरा अब्बा, तेरा भाई
दोनों कहाँ जा सोए हैं
हमारे घर के ऐन सामने
चौड़ी सड़क पर, बिजली के खम्भे की छाँह में

नहीं, नहीं, वहाँ किस का डर है
अब सड़कों पर मोटर रिक्शे नहीं चलते
अब वहाँ बस गोली चलती है एक-अकेली
और गोली तो बिलकुल नन्ही है

मेरी बेटी, तेरा भाई नहीं अकेला
बाप, बेटा दोनों एक दूजे की हैं बाँहों में
गहरी नींद में गोली खा कर
तड़क सवेरे उठ कर लौट आएँगे घर

आ बेटी, तेरी बदल दूँ करवट
यूँ पड़ी-पड़ी का सूज जाएगा पासा
तेरा अब्बा टूटे घर की मरम्मत सब कराएगा
घर की नंगी पसली में से
आते-जाते भीतर झाँकते हैं सब बेमतलब
दीवार मरम्मत कर के वह हमें ढूँढ़ता आएगा

वह शहर मेरा है?

सवेरा था
मैं अपने शहर से निकल आया
जैसे चोर
मुझे लगा मैं अपना तन चुरा ले जा रहा हूँ
शहर सारा बन्द था ख़ामोश
हरेक दरवाज़े के मुँह पर लगा था ताला

अँधेरी रात अपने शहर में मैं लौट आया
जैसे चोर
मुझे लगा कि मेरा तन
जो नंगा रह गया था अकेले घर में
चुरा कर अपने साथ ले आऊँ दोबारा
शहर ग़ायब था
न कोई घर, गली, दरवाज़ा
सिर्फ़ जगह-जगह पड़े थे कुचले चेहरे
और हर मुँह पर लगा था ताला
कोई बताता नहीं
अकेला घर मेरा कहाँ है?
अकेले घर में नंगा तन कहाँ है?
मैं अपने शहर को वापस चला जाऊँगा
माना कि गुम गई हैं सब दिशाएँ
घर खो गए हैं
शहर कहीं भाग गए हैं
और हर नंगे बदन ने पहचान अपनी पोंछ दी है
मैं अपना शहर तब भी ढूँढ़ लूँगा
वह जगह

जहाँ पड़े हैं ढेरों चेहरे कुचले
और हर एक मुँह पर ताला लगा है
वह मेरा शहर है
मैं हरेक मुँह पर लगे ताले को तोड़ फेंकूँगा

मस्जिद

मस्जिद का मीनार मेरे कन्धे पर रख कर
मुझे हाकिम ने कहा
कि जा मैदाने-जंग में
तू गाज़ी है
यह मीनार तेरा बरछा बन्दूक फ़रेरा
इस के साये में हमेशा मौत शहादत
कन्धे पर मीनार टिका कर
बैरक-बैरक बंकर-बंकर मैं घूमा हूँ
मोर्चों पर डटा हूँ
गली-चौराहों में लहू के छींटे देता रहा हूँ
इस की आवाज़ पर मैंने बच्चे बूढ़े औरत
में कोई तमीज़ नहीं की
मेरे भीतर-बाहर वहदत का जलवा था
कन्धे पर मीनार ख़ुदायी यकजहती का
पैरों में सारी दुनिया
मुशरिक, मुलहद, काफ़िर, कच्ची और बिना दीन की

इस मीनार के शिखर से
हर पल नाज़िल होता रहा कलाम इलाही
हर पल आदमी अल्लाह का
देता रहा मुझे हिदायतें
हाकिम का इरशाद हुक्म अल्लाह ताला का
जिधर हुक्म कहे उस तरफ़ चले जाओ
मुझे हुक्म नहीं मानने में लगता है ज़्यादा ही डर
यही डर मेरी हिम्मत है
इसी हिम्मत के सदके

मैंने खड़े-खड़े बच्चे बूढ़े सब
आँखें मींच कर कच्चे सरकंडों की तरह काटे थे
काट कुतर कर
चौराहों के बीच बिखेरे थे

सारा जंग मैदान कभी चौराहों में था
कभी घरों की दुछत्तियों पर
कभी-कभी आरामगाह में
शर्मगाह में

कन्धे पर मीनार टिका कर हर जगह पहुँचा था
इस मीनार के शिखर से जो भी हुक्म मिला था
डरते, हिम्मत करते
वह निभा ही दिया
आख़िर कहा इस ने
कि फाड़ कर फ़ीता चाट ले मिट्टी
हार मान जा
वह भी किया

मस्जिद का मीनार किसी ने मेरे कन्धे से उतार लिया है
नितान्त अकेला बीच वीराने में चुप खड़ा हूँ
न कोई मेरा रहबर, न कोई मीर कारवाँ
जंग ख़त्म है
पर भीतर घमासान शुरू है
काटे कुतरे लोग दोबारा जी उठे हैं

काली आग

यह काली आग का दरिया
मेरे घर आन बैठा है
ले आया है अपने साथ बहा कर
चटखे हुए पर्वत की फाँकें
कतरे हुए सूरज की कतरनें
काली पुरानी मिट्टी का
आग के जंगल में से गुज़रा एक क़ाफ़िला
जलता सुलगता
चीख़ता चिंघाड़ता
बैठ गया है मेरी दहलीज़ों पर आकर

दीवाली

मेरे सारे दरवाज़े-खिड़कियाँ खोल दो
अगर मेरे नसीब में कोई दरवाज़ा है न खिड़की
तो मेरी पसली तोड़ो, मुझे सेंध लगाओ
आज दीवाली है
मेरे भीतर कोई अनार फूट सकता है
कोई हवाई भीतर से सरसरा कर
शायद छूट कर बाहर जाए
भीतर की दीपमाला की शोभा कोई तो देखे
अगर मैं एकदम बन्द रहा तो
आग की सारी महिमा
भीतर ही भीतर बुझ जाएगी
दम घोंट कर मर जाएगी रोशनी
मेरे सारे दरवाज़े-खिड़कियाँ खोल दो...

चौराहा

इस चौराहे का मन अभी ठिकाने नहीं है
हड़बड़ा कर उठता है
बैन करे दरियाओं के
मर चुके प्रिय बेटों के नाम गिनते हुए
भूल जाता, चुप हो जाता है
लगता है जैसे अभी उबलता कोई समन्दर चल बसा
कभी अचानक हँसता है तो लगता है
मीलों तक धरती दरक रही है

इस चौराहे का मन अभी ठिकाने नहीं है
आधा सिर तो तीखी दराँती ने साफ़ कर दिया
आधे में कीटाणु पकते उछल रहे हैं
पता नहीं कब उफ़न गिरें किनारों पर से

इस चौराहे का मन अभी ठिकाने नहीं है
इस अब्बा ने अपनी बेटी अगवा होने से पहले
इसी जगह पर नंगमनंगी देखी थी
सोच रहा है,
अगवा हो जाने से पहले नंगा हो जाना क्यों ज़रूरी है?

अज़ान

गिरी दीवारों में से
खड़ी हुई मीनारों की भीड़
सिर्फ़ सूरज तक ऊँची

अब नहीं भेजता ख़ुदा धरती पर रसूल
पैग़म्बर पैदा होता है सिर्फ़ पीड़ा की कोख में से
हरेक मीनार के शिखर से अज़ान :
सब से बड़ा ख़ुदा है आज़ादी
इस से ऊपर नहीं ख़ुदा कोई
उठो-उठो जिस की भी राख में चिंगारी है
जिस का सिर धधकता हो
वह नहीं सोता ढह गई मिट्टी में
टूटी दीवार का मातम न मनाओ
इस के घर जन्मी है देव-क़द सन्तान

ख़त-1

अब्बा अब तो जंग ख़त्म है
क़सम ख़ुदा की
जंग ख़त्म होने से पहले
जंग शुरू बिलकुल नहीं हुई
हम अभी थे छोटी-छोटी छेड़ें करते
कि मायावी बाज़ ने मारा झपट्टा

तुम्हारे नक़्शों पर चलते
ग़ैर कबीले की एक औरत
मैंने भी, अब्बा, अगवा की
मगर यहाँ की औरत तो बिलकुल नाकिस है
हमारे साथ वह दो रातें भी जाग न सकी
बीच शग़ल में कूच कर गई
हम उसकी नंगी, भोगी, लिथड़ी मैयत को
फेंकने चले थे बीच चौराहे
ताकि यहाँ के लोगों को हो जाए मालूम
अभी कन्धों पर ही था नापाक जनाज़ा
जब सिपहसालार का ताबड़ हुकम पहुँचा
जंग ख़त्म है
फेंक दो हथियार तुम जहाँ कहीं हो

हथियारों की फेंक-फिंकाई में
अपने कन्धे पर बैठी
मैयत भूल गए सब
अब्बा मेरे कन्धों पर
लिथड़ी लाश अभी तक बैठी है

हरदम डरता हूँ
बोलने लगेगी वह किसी भी वक़्त

अब्बा मेरी अम्मा को यह मत बतलाना
क्या कहेगी
उसका बेटा
ग़ैर कबीले की एक
नंगी, भोगी औरत
अपने कन्धे पर जगह-जगह उठाए फिरता है?

ख़त-2

अब्बा अब तो जंग ख़त्म है
फाड़ कर फ़ीता, उतार कर वर्दी
सफ़ेद क़मीज़ के भीतर नंगा
जिस्म मेरा शर्मिन्दा हो कर सिमट गया है

सब हथियार फेंक दिये हमने
लूले बाज़ू टूटी टहनी जैसे झूलें
लगता है मेरा दायाँ बाज़ू
धुली, सूखी-सिकुड़ी ख़ाली आस्तीन है
खूँटी पर ज्यों टँगी हुई

अब्बा मेरा ख़त पढ़ कर
इसे फ़ौरन दहकती चिलम पर रख कर
कर देना ज़ाया बिलकुल ही
किसी पड़ोसी से मत कहना
तुम्हारा बेटा
जो रोज़ शाम घर आता था
सब की मार कुटाई कर के
ग़ैर इलाक़े में घिर कर
आधे-अधूरे लोगों से हार मान कर
सिसक रहा है

सिर्फ़ तपिश

जल गए शहर का एक जंगल ही बाक़ी था
जो अपने साथ ले आए हैं
बौने मकानों के मलबों में से निकला
जलते देवदारों का क़ाफ़िला
आज की रात जंगल यहीं टिकेगा
मिट्टी तुम्हारी में सींच कर लावा
कल चला जाएगा
आग नहीं, पीछे सिर्फ़ तपिश छोड़ जाएगा

कवि

शायर का सिर
नदी का पानी
उतर गए दोनों एक साथ

सिर में बहती थी तेज़ नदी
नदी में पकते थे कवि के शब्द

उतर गए पानी
किनारे पर कीचड़
कीचड़ में कटा कवि का मुंड
चुप है लेकिन अभी भी उछलता है गर्म गर्म

अपनी रेत में सो गए पानी
किनारे पर खड़ा धड़ लेकिन लौट गया शहर को
बिखेरता
अपने लहू की आयतें

जंग ख़त्म है

क्या मैंने जंग नहीं किया है?

अपने सिर को हथेली पे रख कर
पहली पंक्ति तक बढ़ा था

वापस आने के सब रस्ते
पोंछ गया था जला गया था

मेरे तन में खटर-खटर
करता है आध महीने का रतजगा

आध महीने तक मैंने
खाई मिट्टी की रोटी
पिया जलती आग का पानी

सारे सूरज चाँद सितारे
अपने हाथों ख़ुद बुझाए
इतना कह कर कि
कभी ग़र मौक़ा मिला तो
इन्हें फिर जला लेंगे

लाख बार देह टूटी-टूटी
टाँके लगा-लगा फिर जोड़ी
लाख बार सिर बुझता-बुझता
सींक-सींक कर ज़रा जलाया

मर रहे जिगरी दोस्त के
मुँह में बूँद भर पानी डालूँ
इतनी फ़ुर्सत भला कहाँ थी?

अंगारों के झाड़ों में से
घिसट-घिसट कर बढ़ा था आगे

आग के कुएँ गटक चुका हूँ
और आग अब पी नहीं जाती

अब तो यारो जंग ख़त्म है
जंग की बातें मत पूछो

एक दिन सिर्फ़ एक दिन
जी भर कर सोने दो मुझे

क्या मैंने जंग नहीं किया है?

क़त्ल के बाद

क़त्ल के बाद दूसरे क़त्ल तक
आओ बैठो मेरे साथ कोई बात करो
मैं कोई जेल नहीं, जासूस नहीं
हड़बड़ा कर तुमने जो बक दिया
मैं उसे दिल में सँभालूँगा
ज़िन्दा शूल की तरह
और मेरा दर्द
जीता है शूलों के लिए

क़त्ल के बाद दूसरे क़त्ल तक
आओ बैठो मेरे साथ मेरी चुप्पी बन कर
शराब, औरत और दोस्तों से परे
तुम्हें जो कहना है
सो कहो ख़ामोश भाषा में
कि इस ज़बान का मैं ही अकेला वारिस हूँ
क़त्ल के बाद भी जो मरती नहीं ज़मीर
मैं सिर्फ़ सुनता हूँ वही
छुपाया जाता है जो
तुम्हारे क़त्ल में शामिल न था
न होऊँगा
तुम्हारे दर्द में से ख़ारिज भी मैं हो नहीं सकता
चले भी आओ ज़िन्दा वक़्त की साँस बन कर
क़त्ल के बाद दूसरे क़त्ल तक
जो महक फैली है
उसे बैठ जाने दो ज़ख़्मों पर

लहू

लहू जो बिखर गया मिट्टी में
वह मिट्टी का है, मेरा नहीं
मुझे कोई मोल नहीं लेना बिखरे लहू का
किसी माथे पर नहीं लगाना उस का तिलक
लहू के रंग का परचम किसी के सिर पर नहीं टाँगना
मेरे बाद जो मेरे दोस्त ज़िन्दा हैं
वे मेरे दोस्त हैं
बाँस की पोरें नहीं

लहू जो गिर गया मिट्टी में
सूरज सोख लेगा
या मिट्टी पी लेगी
मेरे यारों के पैरों तले उम्र भोग लेगा
लहू जो बिखरा
वह ज़िन्दगानी के लिए था
कहानी के लिए नहीं

जो अभी भी रगों में दौड़ता है
वह लहू मेरा है
घरों में फिर जब चूल्हे तपेंगे
पुराने बिस्तरों में
फिर जब बेख़ौफ़ बच्चे गर्म होंगे
मेरी प्रिया की अधमरी देह में
फिर सूर्य उदय होगा
साबुत सुलगता समूचा,
जब वह जान जाएगी

कि प्यार ज़िन्दा वर्तमान के लिए है
मरे इतिहास के लिए नहीं,
तब कहूँगा मैं
लहू जो गिर गया था मिट्टी में
वह मिट्टी का है, मेरा नहीं
मैं क़ब्र में क़ैद नहीं
रगों में दौड़ता हूँ

नमाज़

एक क़तार में खड़े होकर अपने यारों के संग जब
झुका मैं बन्दूक़ रखने को ख़ालमख़ाली
मुझे लगा पहली बार नमाज़ पढ़ी मैंने
सिजदा किया
या इलाही
मस्जिद का मीनार तुम्हारे क़दमों में रखा है
फिर न मेरे कन्धों पर रखना
तुम्हारी ख़ातिर और लड़ाई अब मैं नहीं लड़ूँगा

शिखर दोपहर

* शिखर दोपहर के वक़्त शाम उतर आई है
अल्लाह जाने शाम आज की कैसे कटेगी
अभी सुबह गर्म लहू वाले जवान
यूँ लगते थे
ज्यों आए हों लावे में नहा कर
झाँकती थी देह में से लपलपाती आग
उन के पास बैठे दहक रहे थे हमारे कपड़े
अब सब बैठ गए हैं अपने भीतर हकबका कर
जैसे हों पाले की मारी फ़सल

** अभी यहाँ जलता जंगल था
गुज़रे जाते थे झंझावात
और अब जैसे सो रही हो राख मीलों तक
रोक ली हैं साँसें हवा ने आज
इस राख के उड़ने पर भी पाबन्दी है

* शिखर दोपहर में शाम उतर आई है
हमारे बनाए सूरज
क्या सब जाली थे?
किस ने नीचे उतारे सूरज हमारे?
एक-दो फूँकें मार कर बुझा दिये
क्या उनमें भी आग नहीं, आग का धोखा था?

** फ़ौज पड़ी है
झिंझोड़ी हुई टहनी से ज्यों टपकी हों गुठलियाँ

न कोई हमारा मालिक जो हमें बुहारे-सँभाले
न कोई चोर चुराए

* हाय इतना गया-बीता हुआ जीवन
दुश्मन तक भी ख़बर न लेने आए
हमारे किये-कराये से मज़ाक़ करे ख़ामोशी

** रेगिस्तान ख़ामोशी का
बीच में मैं परछाईं, सिर के ऊपर पेड़ न कोई

* अपने-अपने पेड़ों से टूटे सब साये
मिट्टी में, मिट्टी-रंग के, पहचाने कौन?

** आपस में एक ही साँझी बात : शोक
एक दूसरे की आँखों में झाँक सकें न
ऐसा कोई मरण हुआ है
कि पता नहीं चलता, किस को रोएँ
किस के बैन करें

* जिस के मातम के लिए सब आए हैं
वही नज़र न आए
क़ब्र कहीं तैयार अपने मेहमान को दे आवाज़ें
हर कोई डरता है
मुझे मरा समझ कर ही न दोस्त मेरे मुझ को दफ़ना दें

** इस मौत को यारो तुरन्त पहचानो
नहीं तो एक दूसरे को सब दफ़न करेंगे

* शिखर दोपहर में उतर आई है शाम
मुख़बिर और यार में फ़र्क़ नहीं दिखता कोई

** मजमा सिकुड़ गया ख़ामोशी के पाले में
इस की एक ही आँख थी और वह भी नीची
जैसे किसी हथेली में उगी,

इस का एक ही कान था
और वह भी कुतर फेंका होनी ने,
इस मातम में बात मरी, मरा हुंकारा,
नज़र नज़ारा कूच कर गए दोनों

** मौला आज महशर का दिन है?
ऐसा लगता है ज्यों अपनी-अपनी क़ब्र खुलने के इन्तज़ार में
बैठे निपट अकेले
क़ब्र अज़ाब तो भोग रहे हैं
क़ब्र के बाद हिसाब से भी हमारी रूह कब्ज़ है

* सारी फ़ौज में पौना आधा-अधूरा आदमी
दोस्तों में बैठा हूँ मैं
जैसे किसी उजाड़ से गुज़रूँ निपट अकेला जंगल-रात में
अपना बोझ उठाया नहीं जाता अब
मन होता है
अभी किसी लकड़बग्घे को कर दूँ अपना आपा पेश

** अकेले नहीं मरने देगा कोई
साझी मुश्किल में अकेले दूर जाना दग़ा कमाना है
दग़ाबाज़ को अकेले कौन
मरने देगा?

* इस नरक से निकलने का एक ही रास्ता है
एक दूसरे की मैयत
उठा कर चलते जाओ

** यारो यह ख़ामोशी तोड़ो
नहीं तो मेरी फाड़ कर पसली लकड़बग्घा एक निकल आएगा
मुझसे अपना आप सहा नहीं जाता अब

* बताओ यारो क्या करें इस ज़िन्दगानी का
अपने जिस्म से कारतूस तो निकाल लिए हैं
देख-परख कर ख़ालमख़ाली

अपने आप को खूँटी पर भी टाँग दिया है
तब भी डरता हूँ
जिस्म अकेला कहीं ख़ाली ही न चल जाए

** यारो यह ख़ामोशी तोड़ो
अपने आप को समझ रहे हो ख़ालमख़ाली
एक दूसरे पर चल जाओगे

* यारो यह कैसी ख़ामोशी
भीतर हमारे शोर गोगा है
टेढ़े-मेढ़े सूरज
बरसते एक दूसरे पर, फोड़ते माथा
चीख़-पुकारों के बीच फूटे आग

** यारो यह ख़ामोशी तोड़ो
नहीं तो चटख-वटख जाएँगे
बिखर जाएगी चौराहे में
दहकते अंगारों की गठरी

* किस ने हमें यूँ ख़ाली कर के खूँटी पर लटकाया है?

** किस ने हमें चुप करा कर
हमारे भीतर के गर्म उफ़नते दरियाओं के खोल दिये हैं रस्से?
भीतर उबलें, पर किनारों से कभी न उफ़नें
कंठ से नीचे
ख़ुद गुज़ारें तीखा गर्म ख़ंजर
पर चेहरे पर शिकन न लाएँ

* यारो यह ख़ामोशी तोड़ो

** यारो यह ख़ामोशी तोड़ो

* बाहर एक परवाना आया है
हाँफ हाँफ कर लेता है साँस

** पर उस से भी पहले
हुक्म ज़रूरी पहुँचा
कहता है परवाना हुक्म के बाद चला था
मैं पहले पहुँचा हूँ

* बताओ यारो पहले परवाना
या पहले हुक्म सुनोगे

*** हम सब फ़ीते फाड़ चुके हैं
हमारे ऊपर नहीं चलता अब कोई हुक्म
हम हैं ख़ालमख़ाली लोग
खूँटियों पर लटके हैं फ़ीते
हुक्म खूँटियों को सुनवाओ

**** यारो बन्द करो दरवाज़ा
बाहर-किताब हमें नहीं पढ़नी

*** मुश्किल से अपने तक पहुँचे हैं
अपने भीतर के क़ा'बे की अभी ज़ियारत हुई नहीं मुकम्मल

**** अभी तो अपने भीतर सूरज नाज़िल हुआ है
उस की रोशनी सुनने दो

*** बाहर सलीबें छोड़ आए हैं
टाँग दो उन पर अपने सन्देश

**** बाहर किताबें फिर पढ़ लेंगे
यारो चलो अपने-अपने भीतर लौटें
भीतर कई कतेबें खुलीं
आओ उन की आयत पढ़ें

टुक्कियाँ जीभां वाले

कटी जीभों वाले

[1977]

पड़ोसी नहीं था

कोई नहीं कोई नहीं
वह मेरा कोई नहीं था
मेरे पड़ोस में रहता वह
मेरा पड़ोसी नहीं था

उसे ले गए वे
जो जब आते हैं रात हो जाती है

गली की इस चुप्पी को
मैं सिर्फ़ इतना भर जानता हूँ
एक बार जल्दी-जल्दी गुज़रते हुए
मैंने उसकी नेम-प्लेट चोर आँखों से पढ़ी थी

या कभी-कभी गली के नुक्कड़ पर
बे-दरवाज़ा दीवार पर लगे
नये और पुराने इश्तिहार
बड़े ग़ौर से पढ़ते उसे देखा था

वे आए जीप में
हथकड़ियों समेत
चीख़ते बूटों समेत
बेवजह

वह जब अपने जलूस में
गली में से गुज़रा
मैं अपने घर के सामने

दीवार पर लगे इश्तिहार-सा हाज़िर था
उस ने गली के सब इश्तिहारों को
एक-एक करके देखा
और फिर चुपचाप जीप में जा बैठा

कोई नहीं कोई नहीं
वह मेरा कोई नहीं था

जीप चली गई तो लगा
यह गली एक दरिया थी
जो अभी-अभी सूखा है
यहाँ एक पेड़ था
जिस के पंछी-पत्ते अचानक
उड़ गए हैं कहीं
घर की दुछत्ती पर
एक कबाड़-बक्सा है
उस में खुरदरा, ज़ंग लगा
एक चाकू है, बेवजह

कोई नहीं कोई नहीं
वह मेरा कोई नहीं था
मेरे पड़ोस में रहता वह
मेरा पड़ोसी नहीं था

कंजिका

राजा का हुक्म हुआ
कोई कंजिका को हाथ न लगाए
न आँख लुच्ची और न आँख सुच्ची
कंजिका के घर तक जाए

कंजिका तो कामी बाप की जाई
कोई बाप न गोद खिलाए
माँ का थन किसी मर्द ने चूसा
वह भी छान कर दूध पिलाए

नंगी जीभें, ढकी जीभें
साये और हमसाये
कंजिका के पास कोई न बोले
न कुछ सुने-सुनाए

आधी-आधी रात कंजिका जागी
माँ को लगी जगाने
माँ री माँ मेरे पेट में उजाला
मुझको रहा बुलाए

नन्हा सा दीया भीतर जलता
बाहर आना चाहे
चुप्पी के आँगन उदय उजाला
कैसे कोई उसे बुझाए

चुप रहूँ तो चन्दा भीतर
चीख़े और चिल्लाए
गर बोलूँ तो राजा ज़ालिम
वहशी हुक्म चढ़ाए

रोमों की राह टप-टप गिरते
रोशनी के ज्वार कई आए
जाग री माँ कहीं दरवाज़े से
बाहर न पैर टिकाए

राजा का हुक्म हुआ
कोई कंजिका को हाथ न लगाए
न आँख लुच्ची और न आँख सुच्ची
कंजिका के घर तक जाए

उन का क्या होगा?

वह किसी भूत कहानी का पात्र नहीं
न ही गाँव के एक तरफ़
वह जगह कोई भूतवाड़ा है
सचमुच के मरे-न मरे लोगों का
क़ब्रिस्तान है

जब काली रात साधारण से कुछ ज़्यादा
गहरा जाती है
तब वह नींद में टूटे अंगारों की तरह
हड़बड़ा कर जागता है
और गाँव की रीढ़ में से
एक सरसराता तारा गुज़र जाता है :

इस क़ब्रिस्तान में
सभी लोग मुर्दा नहीं
कुछ न-मरे भी हैं यहाँ
मरने का हक़ मिलने से पहले ही
जो दफ़नाए गए
हश्र के दिन मुर्दे जागेंगे

और पेश करेंगे अपना-अपना हिसाब
पर वे कि जिनका कोई हिसाब नहीं
उन का क्या होगा?
मेरे जैसे और भी हैं कई यहाँ
जो इसी फ़िक्र में डूबे हैं...

मैंने तो ख़ुदकुशी भी नहीं की
न कोई गुनाह
न सवाब
न मरा न मारा गया
बस दफ़ना दिया गया
मैंने भला किया भी क्या था
कभी-कभार किसी शान्त झील में ईंट फेंकी थी
किसी बँधे दरिया को हाँक लगाई थी
कि अपने गले से पट्टा उतार दे
किसी बेमौसम बाँझ बेरी को हिलाया था :
अपने मौसम में अपने फूल-पत्ते
उघाड़ने में कैसी शर्मिन्दगी
एक आध बार
ख़ामोश जंगल में से
तेज़ आँधी बन कर गुज़रना चाहा था
बस, चाहा था
और फिर दफ़ना दिया गया था
वह भी आधा-अधूरा
तभी तो काली रात जब साधारण से कुछ ज़्यादा
गहरा जाती है
तब औरों की तरफ़ से
मुझे ही जाग कर पूछना पड़ता है :
क़यामत के दिन जब क़ब्रें खुलेंगी
मुर्दे जागेंगे
तब उन का क्या होगा
जो बिन मरे ही दफ़नाए गए
सुना है
क़यामत के दिन सिर्फ़ मुर्दे ही जागते हैं...

वह किसी भूत कहानी का पात्र नहीं
न ही गाँव के एक तरफ़
वह जगह कोई भूतवाड़ा है

कोरा काग़ज़

काग़ज़ कम्बख़्त तो यूँ ही बहाना था
नीले आसमान पर झिलमिल झिल तारे
पानी महीन के नीचे कुलल कुलल कंकड़
बंजर वीरान में टेढ़ी-मेढ़ी परछाइयाँ
ये सब पंक्तियाँ यों ही मैंने लिखी थीं
मैं ही चाँदनी बन कर चला सरोवर पर
पहुँचा था तेरे पास
मेरी ही तप्त तेज़ सुलग रही प्यास थी
गटक गई जो सभी दरिया
काग़ज़ कम्बख़्त तो यूँ ही बहाना था
सुलगते कोयलों की पुड़िया बाँध-बाँध कर
मैं ही रख आया था तेरे दरवाज़े पर

राजे का हुक्म मुझ तक भी पहुँचा है
नीले आसमान
और बंजर वीरान
पानी महीन
टेढ़ी छाँह, लाल प्यास
सभी पर पहरा है
सिकुड़ गए काग़ज़ वह
जिन पर बन जाती थी आग कभी कविता
रोयाँ रोयाँ आँख है
आँख आँख में किरकिरी है
आधी, औनी, पौनी रात गले में अटकी है
नींद नहीं आती है
बाहर अँधेरा है केवल चोरों के लिए

चोरों की तरह उठता हूँ
अँधेरे में चलता हूँ
तेरे दरवाज़े पर
कोरा एक काग़ज़
लेई से चिपका जाता हूँ
जब कभी धरती पानी आसमान
लायक होंगे लिखने के
लिखूँगा उन पर
काग़ज़ बेचारा तो यूँ ही बहाना है

कुत्ता

आगे और पीछे रात ही रात
न कोई समय न स्थान
सूरज चाँद चाँदनी और सितारे
न जाने कहाँ चले गए
यह भी पक्का पता नहीं है
कि पैरों के नीचे धरती है या बेधरती
कोई कंकड़ नहीं, काँटा नहीं
चुभता तो मालूम होता कि धरती अभी ज़िन्दा है
कालिख में गुम है रात
उस में गुम हूँ मैं
बीत रहा हूँ रात की तरह
रात है मेरा आदि, रात ही मेरा अन्त

कल तक हमारा सूरज था
एक घर था, घर में पीपल का पेड़
सुबह-सवेरे पीपल जागता था
चुहर चुहर चुहर सरर सरर सरर

उसकी याद भी
इस रात में डूबती चली जा रही है
काली चुप्पी में कभी कहीं
एक बेसुरा कुत्ता भौंकता है
सुनूँ तो लगता है
कोई गाँव कहीं ज़िंदा है
गाँव नहीं तो एकाध घर बचा होगा
घर के आँगन में होगा पीपल का पेड़

जहाँ पत्तों में लपेट कर चोंचें सो रहे हैं सभी पंछी
कल नहीं तो परसों-तरसों
जागेगी चुहर चुहर फिर से
कुत्ता भौंकता है इसी आस पर

मत्था दीवे वाला

माथा दीये वाला

(काव्य-नाटक)

[1982]

अंक-1 : दृश्य-1

चौराहे में भीड़ खड़ी है
किस की ख़ातिर?

चौराहे में सदा भीड़ है
कोई न कोई अपराधी
हर समय है सूली पर

(अपराधी सूली का पहरन
अपराधी बिन सूली हो जाएगी नंगी
जिस नगरी में अपराध न कोई
लोग नंगमनंगे जंगल जैसे रहते हैं
न हो मैली आँख तो
कपड़े पहने कौन)

लोग घरों से निकल यहाँ आते हैं
देखने : आज किस की बारी है?
मैं तो नहीं चढ़ गया
आज सूली पर?

आज के पत्थर किस के लिए हैं?
आज किस की चीर फाड़ है?
लाख बार अपने से छुप कर
मैं चढ़ा हूँ सूली पर
शायद आज सूली चढ़ जाऊँ
अपने सामने
आख़िरी बार

सुबह होते ही
साथ-साथ उदय होते हैं
सूरज और अपराधी दोनों
सूली-चढ़ा
सूरज-चढ़ा

इस शहर में सभी अपराधी?
सब जंगल के जीव बेचारे
एक के बाद एक सूली-राजा
सभी को भक्ष जाएगा?
आपस में शहर वालों का समझौता है
एक दिन चौराहे पर जाता है उन में से एक
और फिर आता नहीं वापस

जंगल-वास से अलग है
शहर-निवास
सूली शेर नहीं है
कि मारे और खा जाए इंसान को
हमारी सूली मेहरबान है
मरा आदमी भी जा सकता है
वापस घर

(कई बार तो घर बैठे का
पूरा क्रिया-कर्म हो जाता है)

यहाँ के नागरिक का पुनर्जन्म
क्या इसी शहर में होता है?

पुनर्जन्म से कुछ अलग है
इस शहर में मर कर जीना
(या फिर जीते-जीते मरना)
मर कर श्मशानों में जलना
मातृ-गर्भ से फिर गुज़र कर
एकदम नई योनि में गिरना

इस शहर में इतने लम्बे
सफ़र की कोई ज़रूरत नहीं है
इंसान सूली से उतर कर
फिर सीधा घर वापस जा सकता है
एक ही समय नया-पुराना जन्म बिता सकता है

आज किस की बारी है?
तुम्हारी या मेरी?

मैं तुम एक ही वक़्त
सूली चढ़ सकते हैं
एक पैग़म्बर एक अपराधी
राजा न्याय करे
प्रजा सहन करे

पैग़म्बर अपराधी को क्या
राजा सम कर जाने?

पैग़म्बर अपराधी के बीच
बहुत फ़र्क़ नहीं होता है
परसों सूली पर लटका पैग़म्बर कहता था :
मैं अपराधी हूँ

(इस नगरी में
रोज़-रोज़ पैग़म्बर उतरते हैं)

मेरे ही नाम का विष लोग चाटते हैं
ख़ुद के मारे मरते हैं
वे हँसते हैं
मैं रोता हूँ
आज मन हुआ
जुर्म करूँ इक़बाल और चढ़ जाऊँ सूली पर

हर इक़बाली को मिलता है
क्या पैग़म्बर रुतबा?

मालूम नहीं, लेकिन
अपराधी हुए बिना
कैसे चल सकता है पैग़म्बर का काम?
वह राजे पर महाराज का हुक्म चलाता है
राजा को रद्द करता है
ईश्वर को आसन पर बैठाता है

हर अपराधी पैग़म्बर है?

हर पैग़म्बर अपराधी है
सब से पहले वह
अपना आपा क़त्ल करे

(अपना आपा ख़त्म कर
मरुस्थल में भटका
कितना भटका
सूली जैसी भेंट मुझे
कौन देगा?
दरिया एक घूँट न दे सका)

सूली पर चढ़े प्राणी के माथे में ही
जन्म होता है तीसरी आँख का
सूली चढ़ा हुआ ही कहता है,
भीतर के सच्चे शब्द

सूली से इधर, सूली से उधर
क्या पैग़म्बर कोई नहीं है?
सूली से सूली तक ही है क्या
पैग़म्बर का वास?

हुए बिना मैं क्या कहूँ
क्या होता, कैसे होता है?

चल बुल्ले, चल ख़ुद ही अल्लाह हो
अल्लाह बिन कौन लाएगा
अल्लाह की ख़बर

थोड़ी देर में हम दोनों सूली पर होंगे
जान जाएँगे
कितना अलग है एक दूसरे से
बातें कहना और ख़ुद हो जाना?

हम में से है कौन पैग़म्बर?
कौन मुजरिम?

पैग़म्बर तो तुम ही साबित हो चुके हो
मैं तुम्हारा मुख़बिर
मैं तुम्हें मानने वाला तुम्हारा द्रोही
तुम्हें पकड़ कर राज-कचहरी ले चला हूँ

पर तुम राजा के सेवक हो
राजा के अपराधी कैसे हो जाओगे?

अपराधी भी राजा की सेवा करता है
सेवक को अपराधी की तरह
पेश करने में राजा की

कभी-कभी कोई मसलहत है
(राजा मुझे राज-अपराधी मान लेगा?
मैं उस का सेवक एतबारी)

इस में तुम्हारी क्या मसलहत है?

राजा का अपराधी बन कर
राजा की सेवा के लायक और बनूँगा

कालिख का टीका लगवा कर
सदा-सदा के लिए मैं मुख़बिर कहलाऊँगा
अपने असली नाम की
जो ज़िल्लत शोहरत है,
वह मेरा सच है

तुम्हें जानने के लिए
ज़रूरत है एक फ़ालतू आँख की
मुझे अपना फ़ालतू ज्ञान
अभी हुआ है

पैग़म्बर को सूली चढ़ाने में
राजा को एक ख़तरा है—
बागी हो जाएगी प्रजा

(चौराहे में अभी न सूली पहुँची है
शायद उस की भी आज छुट्टी है)

राजा हुक्म सुनाते हुए
दया-दुखी हो कहता है :
मेरे राज्य के लोगो,
पैग़म्बर अपराध कमाने लगे,
तो धरती के नीचे धौल-धर्म हिल जाता है

(राजा पैग़म्बर को दंडित करे
यह तो धर्म नहीं है)

पैग़म्बर को सूली चढ़ाते हुए
हमारा दिल काँपता है
हमारे ख़ानदान में कभी
ऐसा उपद्रव नहीं हुआ
अदल कमाते हुए
हम रू-रियायत नहीं करते

पैग़म्बर और नापैग़म्बर
इस अदालत में हमारे लिए दोनों एक बराबर

पैग़म्बर को मारे राजा तो धर्म से जाए
अपराधी को छोड़े तो नामुनसिफ़ कहलाए

"हमारे प्रिय प्रजाजनो
इस कठिन काम में हमारी मदद करो

एक अपराधी एक पैग़म्बर
लोक-अदालत में हाज़िर हैं
जिसे चाहो दंडित करो
जिसे चाहो मुक्त करो"

और राजा हम दोनों को
लोगों के सामने पेश करेगा :
एक झूठा पैग़म्बर, एक झूठा अपराधी

पैग़म्बर अपराधी तो इंसान के नाम हैं
एक बार इंसान को जो भी नाम मिल जाए
उसी राह चलना पड़ता है उसे
अपने-अपने नाम की गठरी सिर पर उठा
चलते रहें
नाम ही असल पहचान है
नाम ही बड़ी चीज़ है
नाम सत्य है नाम मिथ्या

तुम्हारी तीसरी आँख मुझे लगती है खुलती
तुम अपराधी
तुम अपने आपे के क़ातिल
बोल रहे हो यूँ जैसे पैग़म्बर हो
दूर दरगाह के

तभी तो तुम्हारे साथ-साथ चला आता हूँ
और वापस लौट आने की राह भी

रखता जाता हूँ
पैग़म्बर अपराधी में से जब एक छूटेगा
अपराधी को पहल मिलेगी

क्योंकि अपराधी चाहता है?

क्योंकि यह राजा चाहता है
क्योंकि पैग़म्बर भी यही चाह सकता है
क्योंकि धक्के में धक्का बन कर रहते
लोग भी यही चाहेंगे

जंगल में झील जागती

असंकलित कविताएँ

[1988]

धरती के नीचे

धरती के नीचे
बैल है धर्म है
एक मेरी बेटी है

धरती तो बोझ है
दुख है कुरूप है
सहती है बेटी
पर कहती न 'सी' है

बैल तो थका
थक कर बैठ गया
धर्म भी हारा
पंख लगा उड़ गया
बेटियों को थकने का
पंख लगा उड़ने का
ढंग ही नहीं है

चतुर्मुख ब्रह्मा ने
दुख बनाए सहस्त्रभुज
उन से लड़ने को
देवी अष्टभुजी है
पर बेटी तो है मनुष्य
वह भी आधी या पौनी

दुखों के साथ लड़ती नहीं
दुखों को उठाती है

धरती के नीचे
कभी बैल था धर्म था
अब मेरी बेटी है

लड़की हैरान है

लड़की हैरान है
देह के जंगल में मिरग कस्तूरी का
शाहरग के पास-पास सपना बहुत दूरी का
ख़ुशबू के दरिया में
बही जाती जान है

जिस्म की खिड़की में चन्द्रमा चमकते
दिन दहाड़े सपने देखते
अचानक चौंक उठते हैं
दुनिया न जान ले
मन के अँधेरे में जो रोशन जहान है

चलती चली जाती है
कपड़ों की ओट में चन्द्रमा छिपाती है
नज़रों के काँटों में
बार-बार लगता जैसे ओढ़नी अटक जाती है
ख़ुश्बू के भ्रमजाल मिरग हलकान
अपने ही होने से लड़की परेशान है

मुश्किल है हथेली पर चाँद रख कर चलना
बहुत दुश्वार सदा कली जैसे खिलना
बैठना अकेले और कुछ भी न सोचना
अपनी ख़ामोशी को बोलने से रोकना
छेद-छेद मटकी में दरिया को बाँध चली
उमर नादान है

जंगल में झील जागती

जंगल में झील जागती है

दिन हो रात हो
सोने का समय नहीं
एक जगह पड़ी हुई
संशय का सहम का
रस्ता रहे नापती

देह के दरवाज़े पर बार-बार दस्तक
आया कौन गया
मेरी पीठ सहला कर
देह में उछलते लहू का शोर
पानी में झुनझुनी पवन की
हरी-हरी घास से रगड़ती
आवाज़ किसी नन्हे से नाग की

सो जाना घर से परदेस चले जाना
कौन हिफ़ाज़त करेगा
अनछुए ख़ज़ाने की
पानी अनपिए की
अभी-अभी कुरता ओढ़नी खूँटी पर टाँगा
सूखने को रखा एकदम कोरा अनरंगा
सपना इन पर कोई हर्फ़ न लिख दे
सुच्ची को फ़िक्र दाग़ की

अम्बर के बादल उस के पानी में तिरते

पंछी भी फ़ासले
उस के पानी में तय करते
पवन में नन्हा-सा पत्ता भी बोले
उस के भी स्पर्श से फ़र्श इस का डोले
सीढ़ी दर सीढ़ी रोज़ उतरती जाएँ शूलें
चिन्ता हमेशा इसे
अपनी ज़मीन में औरों के बाग़ की

सदियों के पतझड़ में बिछे पीले पत्ते
उन में दबे पाँव चलता कोई जानवर
लगता है चोरी-चोरी इधर बढ़े आता है
कर देगा पानी जूठा
गुज़र भी गया अगर पास से

जंगल में झील जागती है

माँ मेरी हुई सौतेली

माँ मेरी हुई सौतेली

जब से मिट्टी में जागा उजाला
लुच्ची नज़र से देखें मुझे हम उम्रें
पड़ोसिनें दूतियाँ
उछल-उछल गिरतीं बातें गली में
जैसे भट्टी में भुनते हों दाने
माँ मेरी हुई सौतेली

दादी की चिता जैसी रोज़ माँ जलती है
लपट उस की खाट से बाबुल तक चलती है
"घर तेरे जंगली जानवर
इसे जंगल में भेज"
राजा से कहे कैकेयी

खाने को दिये अब टुक्कर भी गिनती है
फटे-पुराने से नया कुरता नापती है
लोगों से कहती है बस थोड़े ही दिन की है
नहाऊँगी मैं गंगा
बाँटूँगी मिठाई
दूध की नदी माँ पानी की हो गई
पानी की धारा भी रेत में खो गई
बिछुड़ कर रोने वाली रख कर भी रो दी
गर्म गर्म तवे से उतार कर खिलाने वाली
बात करे एक ही
बासी बहुत बासी

बनवास

बेटियों को देकर बनवास
बेटों के खड़ा संग-साथ
बाबुल उदास है

बाबुल निराश
बेटी सदा के लिए चली गई
बाबुल को आस
बेटी लौट नहीं आएगी
यही अरदास है
बाबुल उदास है

माँ बनवासिन की
बेटी को बनवास है
इधर कैकेयी है
उधर कुम्भकर्ण है
बेगाने बेटे बिना
किस पर विश्वास है
बाबुल उदास है

शगुनों के शोर के बाद
उमस-सी ख़ामोशी है
जंगली जानवरों में
अकेली बेटी खड़ी है

गंगा नहा आया
मन तो भी दोषी है

हमारे और बेटी के बीच
खड़े फ़ासले हज़ार
कितने दरिया कितने पहाड़
ख़ाली है धरती
सूना आकाश है
बाबुल उदास है

लड़की निरी नंगी

भली या बुरी
बाबुल ने भेजी घर से
लड़की निरी नंगी

कपड़ों में लिपटी वह दोपहर की धूप
पत्तों की ओट में किसी चिड़िया की चुप्पी
तैये ताप जैसे चढ़े बन कर अर्द्धंगी
लड़की निरी नंगी

आए हैं बाराती ले कर शूल-शूल आँखें
कपड़ों को फाड़-फाड़ भेद रहे पसलियाँ
ख़ुद ही बुलाए हमने चोर अफ़रंगी
लड़की निरी नंगी

ले गए अपनी सभा में अपनी द्रौपदी
इज़्ज़त वाले ख़ुद करें अपनी ही बेइज़्ज़ती
सभा में अकेली कोई साथी न संगी
लड़की निरी नंगी

सूरज था, शगुन-रात चिंगारी बन के बिखरी
कली जैसी बन्द, ख़ुश्बू जैसी खुली

सब को कैसे बाँटे
सुच्चम की तंगी
लड़की निरी नंगी

सुबह होते ढूँढ़ेंगे सूरज के दाग़
दाग़ ही तो सुर्ख़ सुच्चा ताज़ा सुहाग
आग सदा
अग्नि-परीक्षा में से गुज़री
लड़की निरी नंगी

अल्लाह मेहरबान

अल्लाह मेहरबान
नाज़िल होगा कभी तेरा क़ुरान
किसी औरत की ज़बान
चढ़ कर मीनार पर
कब दे सकूँगी
तेरे नाम की अज़ान
अल्लाह मेहरबान

तू मेरा बाबुल है तू मेरा बीर
रूह के गिर्द तू ही जिस्म की लकीर
जिस्म के भीतर तेरा फ़रमान
अल्लाह मेहरबान

जिस्म के बाहर तारे जो चमकते हैं
फूल जो चटखते हैं
दाग़ हैं तेरी दस्तार के
पैरों में लाज ख़ानदान की
नदियों में नागिनियाँ फुँकारती लहरें
ग़ैर किसी मर्द से ख़ुश्बूदार बातें
वह तो ललचाए ख़ुद शैतान
अल्लाह मेहरबान

पढ़ूँगी मसीत में मैं कब नमाज़
मिंबर पर वाअज़ करे मेरी आवाज़
सभा में बैठ कर दर्द मेरा खुले
जिस्म को दरका कर

बँधा हुआ चश्मा
मेरी अज़मत का बिखरे
बोले बेबाक मेरी जीभ से
तेरा पैग़म्बर मेरा ईमान
अल्लाह मेहरबान

कर्ती री कर्ती

अल्लाह की तेग़ तू
जिस्म को चला
ख़ुदाई चिराग़ तू
जिस्म को जला
तेरे ही वार से
तेरे ही उजाले में
जागेगा ख़ुदा

तेरा ही जिस्म ख़ुद
जनेगा बनेगा
क़ादर की करामात
उतरेगा ख़ालक ख़ुद
तेरे ही राह
तुझ से ही चलेगा
ज़िन्दगी का सिलसिला
कर्ता की करनी का
दुनिया में पहले पहल
तू ही गवाह

जिस्म तेरा जन्नत है
तुझ से ही चलेंगे
दूध के दरिया

तेरे ही स्पर्श से
धरती हो जाएगी
शक्कर अगाध

इंसान का रिज़क तू
राज़क रहीम भी
पहुँचता है इंसान तक
तेरे हमराह

कर्ती री कर्ती
देह को बरत री
देह से दूर नहीं
रूह की गिज़ा

कर्ता पुरख सच है
कर्ती भी तथ्य है
कर्ता परोक्ष है
कर्ती प्रत्यक्ष है
कर्ती बिना कर्ता की
क़ायनात कहाँ भला

अल्लाह की तेग़ तू
जिस्म को चला

सोया हुआ शिशु

ठहरी हुई रात थी
तुम थीं मैं था और डर था

तुम्हारे और मेरे बीच
मिट्टी में सोया हुआ शिशु था
डर था
कहीं जिस्मों की महक में खोए
हम दोनों सो जाएँ
और मिट्टी में सोया
शिशु यह जाग जाए
निकल पड़े हमें ढूँढ़ने के लिए

चुपचाप रात में
धरती में से जन्मते
ज़रा-से तिनके की आहट का भी खटका था

तुम से लौट कर
कोशिश मैंने की अपने तक पहुँचने की
अपने एकान्त में अकेला मैं था
अनकिया जुर्म था
सोए हुए शिशु की मेरे नाम आवाज़ थी :
"मुझसे क्यों जागने का मौक़ा आपने छीन लिया
होने से पहले न-हुआ मैं हो गया"

दबे दबे पाँव मेरे पीछे पीछे
बहुत दूर तक चली आई

आवाज़ अनहुए की
एक शिशु मुझे जानता था
ढूँढ़ता था मुझ गुमशुदा को
माथे में मेरे सोया था शहर सारा
सुनता पहचानता आवाज़ इस न-हुए की
मुझ से पहले किसी अनहुए का भार
अभी सोए शहर के जागने का ख़तरा है
तुम सुनाओ तुम्हारा क्या हाल है
बाहर से तो ख़बर है तुम्हारी राज़ी-ख़ुशी की
भीतर से कैसी हो
शहर तुम्हारा सोया रहे
अनहुआ ख़ामोश रहे
यही प्रार्थना है

ग़र्क़ गए जहाज़ में माँ

माँ कहीं गई नहीं थी
सुबह से शाम तक
काम करती-करती थक गई थी
लम्बे दिन का काम ख़त्म कर के
उसने मेरा कमरा खोला
और सहज भाव से सो गई
घर से आर-पार गुज़रती हवा के अंग-संग
उसकी साँसें चढ़ती-उतरती थीं

नींद में उठ कर
वह बाहर गेट तक गई
और गली में मेरे नाम की आवाज़ दी
मैं कहीं दूर भीड़ में गुम था
मुझे तो अपनी ही आवाज़ नहीं देती थी सुनाई
उसकी कैसे सुनता?

माँ पूरी सोई भी नहीं थी
वह मेरे लौट आने की आहट ले रही थी
समुद्र में ग़र्क़ गए जहाज़ के
उस अकेले मुसाफ़िर की तरह
जो अभी ज़िन्दा है
और डूबे जहाज़ के तहख़ानों में
अपने नन्हे बच्चों को ढूँढ़ता
उन के नाम की आवाज़ें देता है

देश से प्यार है

देश से प्यार है
प्यार का ही बँधा परदेस चला जाऊँगा
देश में रहना
मेरे देश पर भार है
देश से प्यार है

भीड़ों में फ़ालतू मैं, वाफ़र मैं, अनचाहा
तुम भी तो वाफ़र हो
तुम ही कहो, तुम्हारे बिना
मेरी किसे सार है
देश से प्यार है

देश मेरा बाबुल है, माँ भी, परमात्मा भी
ज़रूरत के समय कुछ माँगूँ
भले ही अधिकार है
तब भी शर्म आती है
इधर भी उधर भी
ज़रूरतमन्द लोगों की
क़तार-दर-क़तार है
देश से प्यार है

परदेस चला जाऊँगा
अपने ही देश जैसी अजनबी भीड़ों में फ़ालतू छुप जाऊँगा
ग़ैरों में ग़ैर जैसे रहने का ताना क्या
अपनों में ग़ैर जैसे जीना
शर्मसार है
देश से प्यार है

सधुक्कड़ियाँ

(कविता में अपने प्रयोगों के लिए चर्चित हरिभजन सिंह की
पाँच सधुक्कड़ियाँ अपने मूल रूप में यहाँ दी जा रही हैं)

होर लिखो

हरि जी, होर लिखो हुण बाणी

बोध बिचारो सोध सुधारो
जो लिख्या हुण ताणी
सोच कहे तां पोच भी देवो
तख़्ती फेरो पानी

उमर बिहाई लीक जु वाही
हुण तीकर अभिमानी
एस लीक दे बनो न क़ैदी
लाहो कुंज पुरानी

डर डर के तुम बोल उचारे
मर मर लिख्या कानी
भेखी बात कही मुँह देखी
अक्खर जोड़ ज़बानी

इह पंडताई इह चतुराई
कित्ते न आवन जानी
महागिआनी तत्त समझ लै
जीवन है अगिआनी

ना बोलो तुम धुर पातालों
ना बोलो असमानी
धुर आपे 'चों' बोल हरि जी
छड्डो बात बिगानी

हरि जी होर लिखो तुम बानी

सुणता

प्रभु जी, तू मेरा साचा सुणता
मैं हूँ जनम जनम का कहता
अरु तू सदा सदा का सुणता
कहता-सुणता का इह रिश्ता
तब का अब का हुण का

जब जब कूँजा कुरलीआँ प्रभ जी
होणी ने मारा तुनका
तब तब मेरी अख का अथरू
तू जाने था उनका

कूँज तो देस दिसावर भटके
चुगती दाना दुनका
दाने दाने में जो काँटा
सो काँटा मैं चुनता

आँख से गिरता हर कोई देखे
जो जो दु:ख असवुन का
दिल में बने दिले मिट जाए
मती कौन वेदन का

चुप तो अपना परम देस है
साखी गुण-अवगुण का
ओस देस का इक तू संगी
गुण-अवगुण नहीं पुनता

चुप से बाहर लोग खड़े हैं
बहु डर लागे उन का
लोगन ते मेरा साच बचावो
बकसो गुण-अवगुणता

अनहद

बोलन ते पहले बाजे जो अनहद बाजा
सो साजन सो मीत हमारा
सा'ब ग़रीब निवाजा

परम गुफा में मीत हमारा
ना दर न दरवाज़ा
उसमें कोई खोट नहीं है
उसको अपनी लाजा

चुप की बानी रब की बानी
ना रैयत ना राजा
बोल की बानी हो जाती है
लोगन की मुहताजा

मैं तो चाहूँ चुप चुप बोलूँ
लोग बुलन्द आवाज़ा
ऐसे सच में मिल जाते हैं
बहुते रीत-रिवाजा

लोगन का मुख देख के बोलूँ
सच में लागे दाग़ा
सम्मुखीआ होवन ते अच्छा
मनमुख बेलेहाजा
रीत की हद में मीत न आवे
हटके उसे समाजा
अनहद बेहद कर दो प्रभु जी
इस जन की आवाज़

बोलन से पहले जो बोले अनहद बाजा
सो साजन सो मीत हमारा
सा'ब, ग़रीब निवाजा

इक हो या दो

प्रभु जी तुम इक हो या दो
इनके उनके या सबहिन के
साचो साच कहो

हम समझे निरबैर तुम्हीं हो
और तुम्हीं निरभउ
बैर करो तुम और डरो तुम
कैसे गया ये हो

पहले तो तुम कर्ता भी थे
हरता भी तुम थे
नवें नवें हरता अब हर था
प्रभु जी किवें भयो

तुम थे कभी पिता प्रितपालक
माता ममता मोह

ऐसे न थे पालक संहारक
ऐसे न थे निरमोह

हम तो छोड़ सके ना तुमको
तुम ही छोड़ गयो
पहले थे तुम जैसे प्रभु जी
अब नहीं लगते वो

हाहाकार मची जग अन्तर
इस को प्रभु सुनो
जैसे सरब प्रेम पहले थे
पुन वो रूप धरो

अपना बिरद बिचारो

प्रभु जी अपना बिरद बिचारो
अपना ही जन अपने ही घर
ग़ैरां वांग ना मारो

जे मैं कंस कोई हरिनाकश
आवो धरि अवतारो
सब जग देखे विच दलीज़ां
पकड़ो पकड़ि संहारो
अपना बिरद बिचारो

मैं ता सरण गही सरणागत
आया तुध दरबारो
तू मेरी ओट तू ही मेरा ओहला
तू मेरी आस अधारो
मत तोड़ो आसा भरवासा

अपना जन प्रितपारो
अपना बिरद बिचारो

जीभा नाम महारस मीठा
हाथ परसादि तुमारो
साखी संत सरोवर सच्चा
साखी सिंह दुआरो
पिठ पर वार तेरा जन कोहिआ
किस पह करे पुकारो
अपना जन प्रितपारो
अपना बिरद बिचारो

हमरी वेदन सब जग जाने
चहुँ कूँटी जुग चारो
इह अनहोनी तैं दर होई
धरम कुधरम नितारो
तेरी ड्योढ़ी दाग़ पिआ है
किरपा सहित उतारो
प्रभु जी अपना बिरद बिचारो